Karl Vinzenz von Horvath

Die orientalische Frage und ihre Folgen

Karl Vinzenz von Horvath

Die orientalische Frage und ihre Folgen

ISBN/EAN: 9783743304468

Hergestellt in Europa, USA, Kanada, Australien, Japan

Cover: Foto ©Thomas Meinert / pixelio.de

Manufactured and distributed by brebook publishing software (www.brebook.com)

Karl Vinzenz von Horvath

Die orientalische Frage und ihre Folgen

und

ihre Folgen.

―――

Von

Karl Vinzenz v. Horváth.

Budapest, 1878.
Commissionsverlag von Ferdinand Tettey & Comp.

> Quapropter desinant atiquando dißere,
> male aliquem locutum esse, quis vere
> locutus sit.
> Cicero pro Roscio Amerino.

Die orientalische Frage deren Lösnng gegenwärtig Rußland mit Waffengewalt unter dem moralischen Beistande des an der Spitze Deutschlands stehenden preußischen Kabinetes durchzuführen bemüht ist, wird nachdem der Krieg, welchen Rußland gegen die Türkei unter dem Vorwande das Loos der unter türkischen Herrschaft lebenden Christen zu bessern, vor neun Monaten begonnen hat, mit der Niederwerfung der Türkei endigte, nicht nur die Zertrümmerung derselben, sondern in einigen Jahren darauf auch den Untergang der österreichisch-ungarischen Monarchie zur Folge haben.

Daß das an der Spitze Deutschlands stehende preußische Kabinet im Vereine mit Rußland nicht blos auf den Untergang des osmanischen Reiches, sondern auf den Sturz der österreichisch-ungarischen Monarchie lossteuere, läßt sich aus der Haltung der im russischen Solde stehenden, oder von der deutschen Reichskanzlei influenzirten deutschen Presse; — aus dem Benehmen Deutschlands seit dem Beginne der orientalischen Wirren; — aus den Bemühungen des Fürsten Bismarck Oesterreich-Ungarn von jeder Action zu Gunsten der Türkei fern zu halten; — aus dem Bestreben desselben die österreichisch-ungarische Monarchie zu isoliren; jede Annäherung derselben an die Westmächte, besonders an England zu verhindern; endlich aus dem Umstande schließen, daß das officielle Deutschland den Sieg der russischen Waffen nicht nur gewünscht, sondern unsere Monarchie — wenn dieselbe beim Beginne des Krieges zu Gunsten der Türkei aktiv gegen Rußland aufgetreten wäre, im Vereine mit Italien mit Krieg zu überziehen bereit war, und weil diese Bereitwilligkeit mit Rücksicht auf die Folgen, welche im Falle wenn Rußland siegen und den osmanischen Staat zu vernichten im Stande sein sollte, für Rußland resultiren und in einem enormen Länder- und Machtzuwachse bestehen würden, vernünftigerweise nur so zu erklären sei, wenn man voraussetzt; daß dem deutschen Reiche seitens Rußlands annehmbare und dem gehofften russischen Machtzuwachse entsprechende Länder compensationen und sonstige Vortheile im vorhinein in geheimen Verträgen nicht nur garantirt wurden, sondern daß sich Rußland auch zur Mitwirkung bei Durchführung dieser preußischerseits geplanten, und in den erwähnten geheimen Abmachungen höchstwahrscheinlich präzisirten Kompensationen verpflichtet habe.

Was nun die Haltung der im Solde Rußlands und des offiziösen Deutschlands stehenden Organe betrifft; so dürfte es manchem unter den geehrten Lesern dieser Zeilen aufgefallen sein, daß seit dem Beginne der von Rußland angezettelten orientalischen Wirren, die Artikel über den Orient und die orientalische Frage nicht nur in Tagesblättern, sondern auch in weitverbreiteten Zeitschriften wie Pilze wuchsen; daß dieses deutsch-russische literarische Söldnerheer einen förmlichen Federkrieg gegen den osmanischen Staat führe, daß in diesen Artikeln die angeblich hohe Kulturfähigkeit der auf der Balkanhalbinsel wohnenden chrichstlichen Völkerschaften, deren häusliche Tugenden, deren Sittlichkeit, deren Rechtlichkeit in Handel und Wandel, sogar der tiefreligiöse Sinn der Montenegriner — dieser Scalp-Indianer Europas — hervorgehoben wurden, und daß wenn einer oder der andere dieser Zeitungskorrespondenten es auch eingestand, daß das orientalische Christenthum nicht von weither sei; daß die übrigen

Christen Europas gerade keine Ursache haben, auf dasselbe stolz zu sein; so machten dieselben Korrespondenten — als wenn sie ihr diesbezügliches Geständniß reuen würde, sogleich auch die Bemerkung dazu ; daß diese Verkommenheit, diese Verwilderung der in den der hohen Pforte mehr oder minder unterworfenen Provinzen lebenden Christen nur eine Folge des Druckes des Islams, der türkischen Willkührherrschaft und Paschawirthschaft sei; — freilich vergaßen diese Herrn darauf; daß die unter keiner Paschawirthschaft, unter keinem Drucke des Islams, sondern unter der kaiserlich österreichischen Regierung in Dalmatien wohnenden Crivosçianer den in ihre Hände gefallenen verwundeten österreichisch-ungarischen Soldaten Nasen und Ohren eben so abgeschnitten haben, wie dies ihre Stammesgenossen in Bosnien, in der Herzegowina, in Montenegro und in Bulgarien den in ihre Hände gerathenen wehrlosen Türken thaten. — Die Türken dagegen sowie die übrigen Mohamedaner südslavischer und albanesischer Abkunft wurden in den fraglichen Artikeln unisono als reine, schon ihrer Religion wegen zur ewigen Stabilität verdammte, jeder Cultur, jedes Fortschrittes unfähige, jeder Sittlichkeit bare Barbaren dargestellt, die man mit Fug und Recht ihres Besitzes, ihres Eigenthumes berauben, von ihrer Heimath, aus ihrem Vaterlande, ja sogar aus Europa nach Asien vertreiben müsse. — Diese Organe der Presse blieben freilich die Antwort darauf schuldig ; wie ein derartiges angeblich zu Ehren Gottes zu unternehmendes Verfahren mit der Lehre der christlichen Religion — tieser Religion der Liebe und Duldung — zu vereinbaren sei ; ob dasselbe nicht vielmehr gegen die Pläne der göttlichen Vorsehung verstoßen würde, welche nebst der christlichen Religion auch andere ; nebst romanischen, germanischen, slavischen Nationen und Ideen, auch andere Völker und Ideen, auch Juden und Araber, Chinesen und Japaner, Türken und Ungarn bestehen läßt ; damit die Geister nicht etwa durch Einförmigkeit in Unthätigkeit erschlaffen, sondern durch geistige Reibung, durch gegenseitigen Austausch der Ideen in ewiger Frische erhalten, das Wohl, die Civilisation, der Menschheit gefördert werde, unter welch letzterer ich freilich nicht jene neuerfundene Civilisation verstanden haben will, welche uns das heilige Rußland und dessen czechischer Prophet Rieger aufbringen wollen.

Die obenerwähnten Schilderungen der angeblichen Vorzüge und Tugenden der auf der Balkanhalbinsel wohnenden christlichen Völkerschaften in Verbindung mit der gleichzeitigen Darstellung türkischer Willkührherrschaft und Schilderung türkischer Schlächtereien in Bulgarien, bezweckten natürlich nichts Anderes, als die Aufregung des christlichen Europas und Erzeugung einer Antipathie gegen die Türkei zu fördern, um den gegen dieselbe geplanten und auch bereits ausgeführten Raubzug Rußlands als ein Gott gefälliges im Interesse des Christenthums, der Humanität gelegenes Werk erscheinen zu lassen. — Diese Comoedie gelang auch in nicht geringem Maße, denn selbst ein großer Theil des sonst politisch so geschulten englischen Volkes — von Partheiwuth, aber jedenfalls gegen eines der vitalsten Interessen des britischen Reiches geführt, ging auf den Leim; und brachte den sonst so gesunden und praktischen Sinn der Engländer in argen Mißkredit. — Hierlandes konnte dieser Schwindel, welchen man mit dem Christenthume trieb, auf keinen fruchtbaren Boden fallen, weil man die Eselsohren der russischen Midasse trotz der Hüllen sogleich wahrnahm, weil man es wußte; daß die von Baschi-Bozuks und Tscherkessen verübten Greuelthaten nur Repressalien waren, für jene Schändungen türkischer Frauen und Mädchen; für jene Mordthaten, welche schon früher die hierzu von russischen Agenten aufgestachelten Bulgaren an wehrlosen Türken, türkischen Greisen und Kindern verübten; — endlich weil wir wußten, daß die Landleute christlicher Religion auf der Balkanhalbinsel, trotz der Mängel der türkischen Justiz, der Staatsverwaltung, trotz der dortigen agrarischen Verhältnisse wohlhabender seien, oder es wenigstens vor dem russisch-türkischen Kriege waren, als die meisten

Bauern des heiligen Rußlands; was nach den Nachrichten der „Neuen freien Presse" selbst russische Offiziere in an ihre Angehörigen in Rußland geschriebenen Briefen eingestanden haben.

Nachdem jedoch jeder Schritt, welchen Rußland nach Süden und Westen unternimmt, von den Völkern des Westens mit Mißtrauen angesehen wird, und es überdies vorauszusehen war, daß das Schlagwort, unter welchem Rußland der hohen Pforte den Krieg erklärte, sich nur zu bald als Vorwand zum Kriege herausstellen werde; so mußte die deutsche Reichskanzlei um das ferner innige Zusammengehen Deutschlands mit Rußland vor dem deutschen Volke einigermaßen zu rechtfertigen, auch auf andere Gründe bedacht sein, welche derselben geeignet schienen, den sonst so gesunden Sinn desselben gefangen zu nehmen, um den mit Rußland verabredeten nächsten Raubzug gegen die österreichisch=ungarische Monarchie die Wege zu ebnen; — man ließ also durch diese inspirirten Organe der deutschen Reichskanzlei darauf hinweisen, daß ohne die Freundschaft Kaiser Alexanders II. die Erfolge von 1866, ebenso wie diejenigen von 1870 nicht hätten ausgenützt werden können; ja daß die Errichtung des deutschen Reiches — wie es heute dasteht — kaum möglich gewesen wäre, wenn sich Rußland 1866 oder 1870 mit den Feinden Deutschlands verbunden, oder auch nur diejenigen hätte gewähren lassen wollen, welche geneigt waren, die kriegerischen Verwicklungen Deutschlands feindlich auszubeuten; weshalb es gegenwärtig die Pflicht Deutschlands sei; die Politik Rußlands im Oriente kräftig zu unterstützen, und sich dieses bewährten Alliirten Deutschlands auch für die Zukunft zu versichern; da man sich auf das — wie es diese Organe behaupten — zweifelhafte Wohlwollen der österreichisch=ungarischen Monarchie nicht verlassen dürfe; — und obzwar Deutschland stark genug sei, um es mit jedem einzelnen seiner Gegner aufzunehmen, so könnte es dennoch einer Coalition zweier oder dreier Großmächte unterliegen.

Außer den obermähnten politischen Gründen wurden von diesen inspirirten Organen der deutschen Presse auch noch andere Motive national-ökonomischer Natur zu Gunsten der russischen Orientpolitik geltend gemacht, und unter Anderen hervorgehoben; daß die gegenwärtig todte Handelsstraße über das Schwarze Meer neu belebt werden würde, wenn dasselbe Rußland beherrschen, und der angeblich kulturunfähige Staats- und Wirthschaftskörper der Türkei von der Grenze zwischen Asien und Europa entfernt, und an seine Stelle kulturfähige südslavische, griechische und rumänische unabhängige Staatsbildungen treten würden. — Es liege also im Interesse Deutschlands daß dieser alte Handelsweg — die ostasiatische Handelsstraße vom Schwarzen Meere her nach Deutschland wieder hergestellt, und ihr Sieg über den englischen Seeweg gesichert werde; da ja des alten deutschen Reichs Wohlstand und Handelsmacht nur darauf beruhte; daß der fragliche ostasiatische Handelsweg nach Deutschland führte, und daß somit durch Wiederherstellung desselben in dem neuen deutschen Reiche die alte deutsche Hansa mit all' ihrem Glanze und Reichthume, wenn auch in modifizirter Form wieder emporblühen würde. — Nach der Ansicht dieser Organe würde ferner auch Venedig und Genua als Großstädte des italienischen Reiches emporblühen und das Mittelmehr, das jetzt England durch seine unnatürliche Position in Gibraltar angeblich verschlossen hält, würde frei werden und vorzugsweise Italien angehören; so daß bei so bewandten Umständen nach der Ansicht dieser inspirirten Organe der deutschen Reichskanzlei es auch im Interesse der österreichisch-ungarischen Monarchie gelegen sei; daß auf der Balkanhalbinsel christliche Staatenbildungen entstehen, wenn nur gleichzeitig dafür gesorgt wird; daß für Oesterreich-Ungarn der freie Verkehr auf der Donau bis ins Schwarze Meer entweder durch Vermittelung Deutschlands, oder dadurch gesichert werde: daß die Donaumündungen entweder unmittelbar österreichisch werden, oder daß dieselben, sowie das ganze Flußgebiet der Donau durch Rumänien und Serbien hindurch unter den Schutz einer von Europa garantirten Neutralität gestellt würden; wodurch der (angeblich) einzige Differenzpunkt, welcher im Oriente zwischen Oesterreich-Ungarn und Rußland bestehet, auf freundschaftlichem Wege beseitigt werden würde.

Da jedoch trotz all' diesen Gründen die östterreichisch-ungarischen Monarchie — eingedenk ihrer traditionellen, leider aber aufgegebenen Politik im Oriente — sich dennoch berufen fühlen konnte, Partei für die Türken zu ergreifen und der von Rußland, Deutschland und wie es scheint auch Italien geplanten Vernichtungen derselben, und der Errichtung unabhängiger christlicher Staaten auf den Trümmern der Türkei feindlich entgegen zu treten; so fanden sich die inspirirten Organe der deutschen Reichskanzlei berufen, auch diesen für Rußland, das officielle Deutschland sowie Italien unliebsamen Fall in den Kreis ihrer Erwägungen zu ziehen und rundweg zu erklären; „daß in einem solchem Falle, wenn sich nämlich Oesterreich-Ungarn zur Türkei freundlich und Rußland feindlich gegenüber stellen sollte; nicht nur die Interessen dieser Monarchie im Oriente, sondern mehr und Höheres (also höchstwahrscheinlich deren Existenz) auf dem Spiele stehen würden.

Aus den obigen, von mir im Auszuge mitgetheilten Enunziationen der inspirirten deutschen Presse sind die Gründe zu entnehmen, mittelst welcher die deutsche Reichskanzlei auf das Volk Deutschlands einzuwirken hofft; man verspricht demselben nämlich goldene Berge, indem man auf die baldige Wiederkehr der goldenen und glorreichen Zeiten der alten Hansa hinweist und dadurch das baldige Verschwinden der außerordentlichen Stockung und Unlust, welche trotz der von Frankreich an Deutschland an Kriegskosten gezahlten fünf Milliarden Franc's in der Arbeits und Geschäftswelt herrscht, in Aussicht stellt. — Durch den Hinweis auf die baldige Wiederkehr der glorreichen Zeiten der Hansa, jener Hansa, welche einst selbst den Engländern einen Seefrieden diktirte und sich von ihnen zehntausend Pfund an Kriegskosten zahlen ließ; welche Antwerpen zum Welthandelsplatz erhob; den Alleinhandel auf der Ostsee betrieb, und Herr des mit genuesischen Fracht= schiffen betriebenen Handels in der Levante war; — Lissabon mit hundert Kriegsschiffen eroberte und die Niederlande und Frankreich in Abhängigkeit hielt; — hofft das literarische Söldnerheer Bismarcks das deutsche Volk und vorzüglich die so schwärmerische deutsche Jugend zu begeistern, indem man denselben Hoffnung macht, daß die Seesuprematie Englands bald aufhören und an deren statt die Seeherrschaft Deutsch= lands als Erbe der alten Hansa treten werde.

Warum man dieses Alles für Deutschland nur dann zu erreichen hofft, wenn der ganze Orient der Machtsphäre Rußlands anheimfällt; wenn somit dasselbe auch das Schwarze Meer ausschließlich beherrschen werde; darüber geben die ob= erwähnten inspirirten Artikel dem deutschen Volk freilich keine Auskunft; obschon diese aus dem einfachen Grunde sehr er= wünscht gewesen wäre, weil Rußland bekanntermaßen überall, wo dasselbe zur Herrschaft gelangt, seine Zollschranken zu er= richten pflegt, welche in Verbindung mit den russischen Paß= chicanen keinen fremden Handel aufkommen und gedeihen las= sen. Oder hat man es absichtlich vermieden, eine diesbezüg= liche Auskunft zu ertheilen, um nicht auf den von mir voraus= gesetzten Bestand geheimer Abmachungen hinweisen zu müssen und dadurch Aufsehen zu erregen; da in diesen von mir schon obenerwähnten geheimen Verträgen nebst den von mir im Verlaufe dieser Abhandlung noch ausführlicher zu erörtern= den, Deutschland zugute kommenden Ländercompensationen, auch den freien Schiffs= und Handelsverkehr auf dem Schwar= zen und Asowischen Meere, und zwar nicht nur durch Be= nützung des mittelländischen Meeres, des Bosporus, der Dar= danellenstraße, sondern auch mittelst des Donaustromes — welcher ja auch bis in das Herz Deutschlands führt — den freien Handel mit Ostasien ausbedungen haben dürfte.

In Bezug auf die Dankbarkeit, zu welcher Deutsch=

land nach der Ansicht der erwähnten Zeitungscorrespondenten dem russischen Kaiser für die Preußen, respective Deutschland in den Jahren 1866 und 1870. angeblich geleisteten Freundschaftsdienste verpflichtet sein soll, erlaube ich mir die Bemerkung zu machen; daß nach der Langsamkeit und Schwerfälligkeit der Bewegungen zu schließen, welche die russische Armee in dem gegenwärtigen russisch-türkischen Kriege an den Tag gelegt hat; die Hilfe Rußlands im Jahre 1870 ohnehin zu spät gekommen wäre; wenn die österreichisch-ungarische Monarchie, wenn Italien zu Gunsten Frankreichs eingeschritten wären; ja diese Hilfe würde durch die Mitwirkung der Türkei zu Gunsten Frankreichs, — welche in Berücksichtigung der großen Dienste welche dieses im Krimkriege der Türkei leistete, in einem solchen Falle nicht ausgeblieben wäre — zu einem großen Theile paralysirt worden sein; das Verhalten Rußlands während des 1866-ger Krieges ist wohl auch nicht als ein Ausfluß eines besonderen Wohlwollens gegenüber Preußen anzusehen, da die Schwächung Oesterreich-Ungarns ja im Interesse Rußlands liege, und die damaligen Erfolge Preußens auch noch als eine Befriedigung des Rachegefühls in Folge des — aus russischem Gesichtspunkte undankbaren Benehmens Oesterreichs im Jahre 1854. seitens der Russen freudig begrüßt wurden. — Aber selbst in dem Falle, wenn dem fraglichen Benehmen Rußlands in den Jahren 1866. und 1870. gegenüber Preußen und Deutschland ein höherer Werth beigemessen werden könnte, hat Preußen diese angeblich den Russen schuldige Dankbarkeit seinerseits durch sein Verhalten während der Krimkrieges im Jahre 1854.; ferner sein Benehmen während sämmtlicher in Russisch-Polen ausgebrochenen Revolutionen, und endlich durch seine Vermittlung des am 14. September 1829 (vorzüglich durch die Mitwirkung des preußischen Generals Müffling) zu Stande gekommenen Adrianopeler Friedens — welcher den russischen Herrführer Diebitsch-Zabalkanski und seine damals bereits von ursprünglichen Hunderttausend Mann durch Seuchen und Schlachten auf zwanzigtausend Mann herabgeschmolzenes Heer nicht nur aus einer desperaten Lage befreite, sondern obendrein auch noch Rußland nahmhafte Vortheile brachte; — schon längst und zwar anicipative abgetragen. — Die Dankbarkeit — zu welcher Preußen dem russischem Reiche angeblich verpflichtet sein soll; ist also auch nur ein Vorwand und nicht der wahre Grund des innigen Zusammenhaltens Deutschlands mit Rußland und zwar ebensowenig, als die von Anderen zur Motivirung dieser Intimität bezeichneten verwandtschaftlichen Verhältnisse des deutschen Kaiserhauses zu dem Kaiser aller Reußen; denn obschon diese Beziehungen auf den Kaiser Wilhelm einigen Einfluß ausüben mochten, so waren dieselben keineswegs maßgebend, da Preußen im Jahre 1866 die Länder und Ländchen des hanoverischen Königshauses; des Churfürsten von Hessen=Cassel; des Herzogs von Nassau ohne die leisesten Gewissensskrupel verschlungen hat; trotzdem, daß die erlauchten Mitglieder dieser entthronten Königs= und Fürstenhäuser, mit den erlauchten Mitgliedern des deutschen Kaiser= und zugleich preußischen Königshauses mehrfach verwandt und verschwägert sind. — In den Augen des Fürsten Bismarck dürften überhaupt derlei Rücksichten nur sehr wenig wiegen, und nur dort Beachtung finden; wo derlei verwändtschaftliche oder schwägerschaftliche Verhältnisse zur Förderung wichtiger Staatsintressen, oder zur Mehrung der hohenzollern'schen Hausmacht benützt werden können.

Die eigentliche Ursache also warum Deutschland mit der ganzen Wucht seines Ansehens Rußland bei der Durchführung seiner Pläne im Oriente unterstützt, dürfte nach meiner noch näher zu begründenden Ansicht einzig und allein nur in dem von mir vermutheten Bestande der schon oben erwähnten geheimen Verträge und in dem durch diese beiden Großmächte zum Nachtheile des türkischen Reiches und der österreichisch=ungarischen Monarchie geplanten gegenseitigen Länderzuwachse zu suchen sein, zu deren Erreichung sich Rußland und Deutschland gegenseitig verbindlich machten.

Was das Benehmen des offiziellen Deutschland seit dem Beginne der orientalischen Wirren anbelangt; so nehme ich mir die Freiheit außer dem schon Erwähnten auch noch darauf hinzuweisen, daß Fürst Bismarck das Dreikaiserbündniß zu Stande gebracht, durch welches die österreichisch-ungarische Monarchie von den Westmächten getrennt; durch das man dieselbe isolirt hat; welches Bündniß überhaupt nur die österreichisch-ungarische Monarchie; sonst aber weder Deutschland vielweniger Rußland gebunden hat; — denn Fürst Bismarck hat vielleicht gleichzeitig mit diesem Dreikaiserbündnisse, wahrscheinlich aber schon bedeutend früher den geheimen Bund zwischen Deutschland und Rußland und außerdem auch noch ein separates Bündniß zwischen Deutschland, Rußland und Italien zu Stande gebracht; endlich dürfte Rußland auch noch ein Bündniß mit Persien geschlossen haben. — In den geheimen Vertrag welchen Rußland mit Deutschland in Bezug auf die Durchführung der orientalischen Frage sowie rücksichtlich des daraus für Rußland resultirenden Länder- und Machtzuwachses, und der wieder andererseits von Rußland dem deutschen Reiche garantirten, dem durch die geplante Zertrümmerung der Türkei für Rußland resultirenden Machtzuwachse entsprechenden Ländercompensationen und sonstigen Vortheile aus Gründen, welche ich später anführen werde, voraussichtlich geschlossen hat, dürften nur die beiden Kaiser Rußlands und Deutschlands und die leitenden Staatsmänner dieser beiden Reiche, die Fürsten Gortschakoff und Bismarck eingeweiht sein, Italien aber davon keine Kenntniß haben; da es dadurch möglicherweise zurückgeschreckt und über seine eigene Zukunft besorgt gemacht worden wäre, wenn es den Machtzuwachs, welchen Rußland und Deutschland planen, daraus zu entnehmen und die Rolle, welche es als ein, wenn auch nicht nomineller so doch als faktischer Vasall derselben in Zukunft zu spielen bemüssiget sein werde, zu überblicken im Stande gewesen wäre. — In den von mir vorausgesetzten, zwischen Rußland, Deutschland und Italien zu Stande gekommenen separaten Vertrage dürfte nur vor der beabsichtigten Vernichtung des türkischen Reiches, ferner von der auf den Trümmern desselben geplanten Errichtung autonomer slavischer, rumänischer und griechischer Staaten, dann von den unmittelbaren Ländererwerbungen Rußlands, also von der Erwerbung Türkisch-Armeniens, ferner jenes Theiles von Bessarabien, welcher Rußland im Jahre 1856 an die Moldau abtreten mußte, ferner mehreren türkischen Häfen im Schwarzen Meere und wahrscheinlich auch noch der Provinz Bagdad; — sowie von den Italien für den etwa nothwendig werdenden militärischen Beistand garantirten Erwerbungen Südalbaniens, dann der türkischen Vasallenstaaten Tunis und Tripolis dann des österreichischen Trentinothales, endlich von der Rückerwerbung der an Frankreich abgetretenen Provinzen Nizza und Savoyen die Rede sein. — Als Object des von mir vermutheten, zwischen Rußland und Persien zu Stande gekommenen Vertrages dürfte wahrscheinlich die militärische Hilfeleistung Persiens, wenn solche gegen die Türkei, vielleicht auch gegen England von Rußland in Anspruch genommen werden sollte, ferner aus Gründen deren ich noch nachträglich erwähnen werde, ein Provinzentausch dienen für den Fall, wenn Rußland in Folge des — wie es den Anschein hat seinem Ende nahen russisch-türkischen Krieges auch in den Besitz der Provinz Bagdad gelangen sollte; da in diesem Falle Rußland diese Provinz an Persien, welche bis 1638 ohnehin zu Persien gehörte, und nach welcher Persien schon lange lüstern ist, abtreten, um dafür im Tausche die Provinzen Ghilan und Masenderan zu erhalten. Deutschland dürfte sich in dem ob-berührten mit Rußland und Italien geschlossenen Vertrage nur des militärischen Beistandes Italiens, für den Fall eines Krieges mit Oesterreich-Ungarn oder Frankreich versichert, von den seinerseits geplanten Ländercompensationen aus den schon oben berührten Ursachen keine Erwähnung gemacht und den uneigennützigen gespielt haben, dem blos das Loos der orientalischen Christen am Herzen gelegen; weil die Früchte, welche es zu pflücken gedenkt, erst später reif werden.

Warum Rußland auch auf die Erwerbung der türkischen Provinz Bagdad, wenn auch nicht unmittelbar für sich, sondern für Persien dringen werde, dies erfahren wir aus dem aus Therapia vom 30. Mai 1877. datirten, an Lord Derby gerichteten Bericht des englischen Botschafters in Konstantinopel Mr. Layard. — In diesem Berichte weiset derselbe darauf hin; daß es — wie ich es schon erwähnte, längst darnach gelüste, andererseits aber besitze Persien Gebiete am Kaspischen Meere und in der Richtung nach Herat und Afghanistan — nämlich die Provinzen Ghilan und Masenderan — welche für Rußland wegen ihrer Nähe zu Ostindien — hohen Werth haben, so daß beide gewinnen würden; Rußland wenn es die Provinzen Ghilan und, Masenderan von Persien erwerben; und Persien wenn es dafür in Tausch die gegenwärtig türkische Provinz Bagdad erhalten würde; so daß — wie Layard meint — nichts näher liege; als daß diese Beiden — Rußland und Persien —. gegenüber der Türkei gemeinsame Sache machen, und daß das Gerücht, welches in Asien über ein diesbezüglich zwischen Rußland und Persien bestehendes Bündniß cirkulirt, viel Wahrscheinlichkeit für sich habe.

Was die Erwerbung Türkisch-Armeniens durch Rußland bedeute, darüber ertheilt uns ebenfalls der oberwähnte hervorragende Diplomat Mr. Layard die gewünschte Auskunft, indem sich derselbe im Verlaufe seines obberührten Berichtes folgendermaßen äußert; „Ob Rußland Armenien behalte oder nicht, würde wahrscheinlich dem übrigen Europa wenig bedeuten. England aber habe die Wirkung dieser Eroberung auf Indien zu bedenken; denn Rußland werde dann ganz Kleinasien und das Thal des Euphrat und Tigris beherrschen; auch Persien werde ganz in russischer Gewalt stehen." Die moralische Wirkung — so schreibt der genannte Botschafter ferner, welche eine Eroberung Armeniens und die Einverleibung von Ghilan und Masenderan in's russische Reich auf unsern mohamedanischen Unterthanen und auf die Völker Mittel-Asiens haben würde; kann von einem englischen Staatsmanne, der einer Bewahrung Indiens als Theil des britischen Reiches einigen Werth beilegt, nicht übersehen werden."

Für das von mir vorausgesetzte Bestehen der oberwähnten geheimen Verträge spricht unter Anderen auch noch der Umstand; daß Kaiser Alexander gelegenheitlich seiner Ansprache, welche er vor dem Beginne des türkischen Krieges an die ihn begrüßende Deputation in Moskau hielt, ausdrücklich erwähnte: „Daß Rußland in dem Kriege gegen die Türkei nicht ohne Bundesgenossen sein werde;" und der weiße Czar damals als er diese Worte in Moskau sprach, vom Stolze und Siegeszuversicht erfüllt, unter diesen Bundesgenossen weder Griechenland, noch Rumänien, noch die damals der Feigheit beschuldigten Serben, oder gar den Duodezfürsten der „Cernagora"; sondern lediglich Deutschland und Italien verstanden, und weder auf England noch unsere Monarchie gezielt haben konnte; da sowohl Oesterreich-Ungarn als auch England den russischen diametral entgegengesetzte Interessen im Oriente zu verfechten haben. — Frankreich aber einer die Zertrümmerung der Türkei zum Ziele habenden Coalition beizutreten auch nicht geneigt gewesen wäre. — Die Helfer Rußlands sind übrigens auch nicht so schwer zu errathen, hat ja doch Fürst Bismarck dem englischen und österreichisch-ungarischen Gesandten gegenüber die Intimität Deutschlands mit Rußland und den Wunsch für den Erfolg der russischen Waffen auf das Entschiedenste betont; haben es doch die inspirirten Organe — wie ich es ebenfalls schon erwähnte, erklärt; daß Deutschland — (vielleicht nur das offizielle Deutschland?) das wichtigste Interesse daran habe, daß die Türkei als unabhängiger Staat von der Grenze zwischen Asien und Europa verschwinde, und daß an ihre Stelle autonome slavische, rumänische und griechische Staatsbildungen treten; dieselben haben es ferner erklärt; daß wenn sich Oesterreich-

Ungarn in dem russisch-türkischen Kriege zur Türkei freundlich und gegenüber Rußland feindlich stellen sollte, die Existenz
der Monarchie auf dem Spiele stehen würde.

Was Italien anbelangt, so ist seit dem Beginne des
russisch-türkischen Krieges, ja seit dem Beginne der orientalischen Wirren die bedenkliche Regsamkeit desselben aller Welt
bekannt; und daß dasselbe als Bundesgenosse Rußlands auch
gegen die österreichisch-ungarische Monarchie nichts Gutes im
Schilde führe, dafür sprechen zahlreiche Fakten und die auch
in auswärtigen Blättern erwähnten Umtriebe, die ich hier
nicht näher specifiziren will, welche aber kaum einen Zweifel
darüber aufkommen lassen, daß Italien an dem Raubzuge
Rußlands gegen die Türkei, — sowie an dem künftigem gegen Oesterreich-Ungarn im Vereine mit Deutschland und
Rußland geplanten Kriege theilzunehmen bereit sei; schrieb ja
doch der alte Garibaldi noch vor wenigen Monaten aus Ca-
prera an seine in Rom befindliche Frau! „Daß die Männer
des Trentino sich mit den Männern von Triest verbünden
und auf den Schlußakt der Selbstbefreiung vorbereiten müssen; und daß sie nicht länger als Unterthanen von Auslän-
dern leben dürfen." Daß aber der diesbezügliche Wunsch Ga-
ribaldis sowie seine Ansicht bezüglich der Rückeroberung Nizzas und Savoyens in Italien vereinzelt dastehen, das wird
wohl Niemand glauben; und daß die diesbezüglichen Aspira
tionen Italiens vorzüglich durch das offizielle Deutschland
nicht nur rege gemacht sondern auch genährt werden, kann
wohl auch keinem Zweifel unterliegen; faseln doch die inspirirten Organe der deutschen Reichskanzlei immerwährend von
der Orient-Mission Italiens, von der wichtigen Aufgabe welche dem Königreiche Italien bei der Lösung der orientalischen
Frage angeblich zufalle; von der diesem Königreiche allein
gebührenden Herrschaft über das mittelländische Meer; —
als wenn Frankreich gar nicht mehr existiren und die Seeherrschaft Englands nur mehr der Geschichte, angehören würden. Daß Fürst Bismarck die Aspirationen Italiens auch

auf die Rückeroberung Nizzas und Savoyens jetzt mehr als früher anfache, unterliegt wohl auch keiner Frage; da seine diesbezüglichen Hetzereien nach dem Tode des Königs Victor Emanuels, welcher die Abtretungsurkunde der genannten beiden Provinzen unterschrieben und für die Haltung des diesbezüglichen Vertrages gewissermassen persönlich mit seiner Ehre engagirt war, gegenwärtig schon ein willigeres Ohr finden dürften. Ueberhaupt scheint die Intimität Deutschlands mit Italien seit dem Tode des ritterlichen Königs in Zuname begriffen zu sein, wurde ja doch dem bei der Todtenfeier Victor Emanuels in Rom anwesenden Kronprinzen Deutschlands Seitens der römischen Bevölkerung ein begeisterter Empfang zu Theil, und selbst der Hof zeichnete denselben vor Anderen aus; so daß Alles für den Bestand des von mir vermutheten, durch die Vermittelung Deutschlands zu Stande gekommenen, geheimen Bundes zwischen Rußland, Italien und Deutschland spricht; von dessen Vorhandensein man sich beim Eintritte gewisser Eventualitäten in Europa in Bälde faktisch überzeugen dürfte.

Was nun den Machtzuwachs anbetrifft welchen Rußland in Folge seines Sieges über die Türkei erlangen will; so läßt sich derselbe aus den Mittheilungen welche der Schatzkanzler Sir Stafford Northcote dem englischen Parlamente in der Sitzung vom 28. Jänner über die russischen Friedensbedingungen machte, schon deutlich ermessen; denn Rußland will daß aus Bulgarien ein autonomer Tributär-Staat — ähnlich dem Serbiens und Rumäniens vor dem Kriege — werde mit eingeborener Miliz und unter einem von Rußland zu wählenden Fürsten: ferner will dasselbe auch für Bosnien und die Herzegowina eine Art Autonomie erlangen, wenn sich auch dasselbe die Wahl des christlichen Gouverneurs nicht vorbehalten hat; — dann fordert Rußland die Anerkennung der Unabhängigkeit Rumäniens unter ausreichender territorialer Entschädigung; sowie die volle Unabhängigkeit Serbiens mit entsprechender Grenzberichtigung und die Unabhängigkeit Montenegros mit einem entsprechendem Gebietszuwachse; endlich eine ziffermäßig noch nicht bezeichnete Kriegesentschädigung, welche in einem bisher auch noch nicht näher präzisirtem Länderzuwachse oder einem anderen — auch nicht näher angegebenem Aequivalente zu bestehen haben wird; außerdem soll die Dardanellenfrage auf eine Rußlands Interesse entsprechende Weise — wie es scheint ohne Dazwischenkunft der Signatarmächte — geregelt werden.

Da nun in dem Falle, wenn die orientalische Frage im Sinne der am 31. Jänner 1877 unterzeichneten russisch-türkischen Friedenspräliminarien, ihre für Oesterreich-Ungarn so verhängnißvolle Lösung finden sollte, die auf den Trümmern des vernichteten vierhundertjährigen türkischen Staatswesens entstehenden, theils ganz unabhängigen, theils eine der Unabhängigkeit gleichkommenden Autonomie zu versehenden kleineren, durch einen nahmhaften Gebietszuwachs vergrößerten Staaten, wie Bulgarien, Bosnien, Serbien, Montenegro und Rumänien naturgemäß und Rußland gravitiren und uur dessen Herrschaft gehorchen würden; da ferner die russischerseits der Türkei auferlegte Kriegscontribution diese im Gelde zu entrichten nicht im Stande sein wird; so wird Rußland als Aequivalent den schon von mir erwähnten Länderzuwachs beanspruchen und in Asien Türkisch-Armenien mit circa 1,600 ☐ Meilen und 1,000,000 Einwohner; ferner die Provinz Bagdad, oder wenn dieselbe in Folge des schon vordem berührten Tauschvertrages an Persien anstatt der persischen Provinzen Ghilan und Masenderan überlassen werden sollte; diese jetztgenannten zwei Provinzen mit einem Gebiete von beiläufig 1,400. ☐ Meilen und 1,000,000 Seelen; ferner höchstwahrscheinlich ein Stück Land in dem Rücken der Dardanellen; endlich in Europa jenen vom russischen Reiche in Folge des 1856. pariser Friedens an die Moldau abgetretenen Theil Bessarabiens, 205 ☐ M. Also im Ganzen ein Ländergebiet von beiläufig 3.000 geographischen ☐ Meilen mit einer Einwohnerzahl von 2,000,000 Seelen erwerben; — und da überdies in Folge der Zertrümmerung der Türkei und des Erwerbes Türkisch Armeniens auch Persien mit einem Gebiete von 26,000 ☐ Meilen und einer Seelenzahl von 10,000,000. auch der Machtsphäre Rußlands ganz verfallen, und wenn auch nicht nominell, so doch faktisch dessen gehorsamer Vasall werden; — da ferner die auf dem europäischem Continente als Staat fast gänzlich vernichtete Türkei mit ihrem, auch noch einer starken Amputation zu unterziehendem kleinasiatischen und afrikanischem Ländergebiete, bei Beibehaltung einer ebenfalls nur nominellen Souveränität, in ein Persien ähnliches Verhältniß zu Rußland gerathen würde; so würde auch die Türkei bemüssiget sein, ihre ganze Militärmacht unter das Commando Rußlands zu stellen; wie dies Süddeutschland zu Gunsten Preußens zu thun bemüssiget war.

In Europa würde der mittelbare und unmittelbare Landerwerb Rußlands in einem Ländergebiete von beiläufig 6,445 ☐ Meilen und 10,200,000. Seelen bestehen; da Rumänien 2,260. ☐ Meilen und 4,000,000; Bosnien und die Herzegowina 1268 ☐ Meilen und 1,900,000. Einwohner, Serbien 998 ☐ Meilen und 1,100,000 Seelen; Montenegro aber 70 ☐ Meilen und 200,000. Einwohner; Bulgarien endlich 1839 ☐ Meilen und 3.000.000 Seelen zählt ohne die für Serbien, Bulgarien, und Montenegro russischerseits in den Friedenspräliminarien in Aussicht gestellten Gebietserweiterungen; — so daß der unmittelbare und mittelbare Länderzuwachs Rußlands in Europa — wie ich schon erwähnte, 6445 ☐ Meilen und 10,200,000 Seelen; in Asien mit Einbeziehung Persiens, — jedoch mit Ausschluß der Türkei — aber 29,000 ☐ Meilen und 12,000,000 Seelen; in Europa und Asien würde also — wenn die russisch-türkischen Friedenspräliminarien nicht geändert werden würden, Rußland zusammen 35,445 ☐ Meilen an Gebiet und 22,200,000. Einwohner erwerben.

Sobald Rußland seine diesbezüglichen Pläne durchzu=

setzen im Stande wäre, würde sich dasselbe anschicken, ein Heer von Milizen sowohl in Bulgarien als auch in Bosnien zu organisiren, überhaupt die ganze männliche christliche Bevölkerung — sowie dies in Serbien und Montenegro schon gegenwärtig der Fall ist — vom 20 bis 50 Jahre durch russische Militärinstrukteurs militärisch dressiren zu lassen; so daß Bulgarien, besonders ein, durch einen Theil Rumeliens — wie dies von Rußland geplant wird — vergrößertes Bulgarien ein Milizheer von 200,000; — Bosnien und die Herzegowina eines von 100,000; — Serbien eines von 80,000.; — Montenegro eines von 30,000 und Rumänien eines von 90,000 Mann auf die Beine zu bringen im Stande sein; so daß die russische Armee durch ein Hilfsheer von 500,000 Mann; und wenn man das Militärcontingent der zukünftigen asiatischen Türkei mit beiläufig 150,000. Mann hiezuschlägt, im Ganzem durch einen Hilfsheer von 650.000 Mann verstärkt werden würde. — Rußland würden überdies diese äußerst respectablen Hilfstruppencontingente in Friedenszeiten gar nichts kosten. Ein durch Thessalien vergrößertes Griechenland würde sich dem Machtgebote Rußlands auch nicht widersetzen können und würde sich mit seiner Militär- und Landwehrmacht in beiläufiger Stärke von 50,000 Mann dem künftigen Kriegszuge Rußlands gegen die österreichisch-ungarische Monarchie auch anzuschließen genöthigt sehen. — Wenn man nun — ohne zu hoch zu greifen — annimmt; daß Rußland allein ein Heer von 500,000 Mann gegen unsere Monarchie aufzubringen im Stande sei; — so werden wir es in Zukunft mit einer Russischen Armee von 1,200 000 Mann zu thun haben, um die Pläne des offiziellen Deutschlands — welches gegen uns 1300.000 Mann aufzubieten im Stande ist, durchführen zu helfen.

Solange der otomanische Staat aufrecht gestanden, existirte diese von mir numerisch aufgezählte Feindesmacht nur in einem sehr bescheidenem Maße, denn die zukünftigen Milizen Bulgariens und Bosniens sowie der Herzegowina konnten gar nicht errichtet, umsoweniger gegen uns aufgeboten werden. — Das Heer und die Milizen Serbiens sowie jenes der Rumänen und Černagorzen wurden durch die türkische Macht im Zaume gehalten, und außerdem war das gewiß äußerst tapfere Heer der Türkei im Stande noch 200.000 Mann Russen uns vom Leibe zu halten, ohne der Gefahr ausgesetzt zu sein, von ihren durch Rußland aufgehetzten inneren Feinden und von den diesen zu Hilfe eilenden Russen erdrückt oder auch nur besiegt zu werden. — Rußland wäre also in einem Kriege, welchen wir im Vereine mit der hohen Pforte gegen denselben geführt haben würden, nicht mehr als 300.000, Mann gegen uns aufzubieten im Stande gewesen sein, und unsere Monarchie wäre in der glücklichen Lage gewesen noch immer 600.000 Mann gegen andere Verbündete Rußlands ins Feld zu stellen, da 250,000 Mann österreichisch-ungarischer Soldaten genügt hätten um die 300.000, Russen über unsere Grenze zu treiben. — Nachdem man jedoch die Türkei vernichten und unseren zuverläßigsten, uneigennützigsten Freund von diesem Erdboden verschwinden ließ, müsten wir unsere ganze Militärmacht in Zukunft gegen Rußland allein aufbieten, und zur Abwehr etwaiger anderer Feinde bleibt uns nichts übrig.

Was endlich die Compensationen anbelangt, welche sich Deutschland in dem geheimen Vertrage mit Rußland ausbedungen haben dürfte, so lassen sich diesbezüglich nur Vermuthungen aussprechen! — wenn man jedoch deutsche unabhängige Organe, welche über das temporisirende Vorgehen unseres Auswärtigen Amtes verblüfft waren, vor der ersten Plevnaer Schlacht darauf hinweisen sah; daß die österreichisch-ungarische Monarchie, wenn dieselbe — wie man damals richtig vermuthete, dem durch die Türkei allein nicht abzuwehrendem Eroberungszuge Rußlands ohne Einsprache zusehen, und Rußland im Oriente nach Belieben schalten und walten lassen werde, zerfallen müsse; und daß dann Ungarn in dem Slavenmeere verschwimmen; die vormals zum deutschen Bunde gehörig gewesenen Provinzen Cisleithaniens aber als eine reife Frucht Deutschland zufallen werden, so läßt sich auch schon mit Rücksicht auf die geographische Lage Deutschlands voraussetzen; daß die fraglichen Provinzen in dem Compensationsplane Bismarcks als ein Hauptbestand= theil, außerdem aber auch noch das Königreich Holland, nach dem das preußische Kabinet schon lange lüstern ist, und wel= ches schon seines Reichsthumes, seiner überseeischen Besitzun= gen und seiner Flotte; ebenso wie Belgien und die Schweiz ihrer Industrie wegen erwünschte Aquisitionen wären, figu= riren dürften. — Dänemark und Schweden würden sich auch gezwungen sehen, zu dem zukünftigen Großdeutschland — oder wenn man es so nennen will, dem zukünftigen Occidentali= schen Kaiserthume in ein Süddeutschland ähnliches Verhält= niß zu treten, und Dänemark würde es nicht mehr wagen, ein — wenn ich mich gut erinnere — diesbezüglich seitens Deutschlands an dasselbe schon einmal gestellte Ansinnen neuerdings zurückzuweisen. — Welches Schicksal dem ungari= schen Staate in dem oberwähnten Theilungsplane von den beiden Weltherrschaftsprätendenten — Rußland nämlich und Preußen — zugedacht worden sei, läßt sich schwieriger erra= then: — jedenfalls hätten wir das Schlimmste zu gewärti= gen, da Ungarn mit Leib und Seele, im eigenem wohlver= standenem Interesse für die Integrität des ottomanischen Staates eingenommen ist; Rußland aber und Deutschland steuern auf dessen Vernichtung los; weil deren Annexions= gelüste nur dadurch realisirbar werden. — Ungarn würde man also in mehrere Theile zu zerstückeln bemüht sein; das gegenwärtig einen integrirenden Bestandtheil desselben bil= dende Siebenbürgen dürfte — um seine Flanke zu decken, — Rußland sich ausbedungen und wahrscheinlich auch das Kö= nigreich Galizien und die Bukowina vorbehalten haben; den Rest von Ungarn in mehrere Theile zerstückelt dürfte man dem Fürsten Carol sowie den zu depossedirenden holländischen und belgischen Königshäusern zugedacht und als neutrales Ge=

biet erklärt haben; damit die Reiche dieser oftgenannten Eroberer durch eine neutrale Länderscheidewand von einander getrennt, nicht so leicht aneinander gerathen könnten, was sonst leicht möglich wäre, da weder das norddeutsche noch das russische Beamtenthum eine liebenswürdige Species der europäischen Bürokratie bilden soll. — Das zukünftige Großdeutschland dürfte für sich — wie ich es schon erwähnte — überdies den freien Schiffs- und Handelsverkehr auf der Donau, den Mittelländischen, dem Schwarzen und Asowischen Meere, überhaupt den freien Handel mit Ostasien gesichert haben.

Aus der vorausgelassenen Schilderung des enormen, mittelbaren und unmittelbaren Länderzuwachses, welcher dem russischen Reiche in dem Falle zugute käme, wenn es Rußland im Vereine mit Deutschland und Italien gelingen würde, die Türkei zu zertrümmern, dürfte sich den geehrten Lesern dieser Abhandlung die Vermuthung von selbst aufdrängen; daß der deutsche Reichskanzler unmöglich aus purer Dankbarkeit oder Sympathie die Macht Rußlands in solcher Weise zu mehren bereit sein könnte; ohne auch auf ein Gegengewicht bedacht zu sein, damit diese Machtvermehrung nicht etwa Deutschland zum Nachtheile gereiche, wenn es Rußland einst in seinem Interesse finden sollte mit einer derart vermehrten Macht entweder allein, oder im Vereine mit einer anderen Großmacht gegen Deutschland aufzutreten; '— eine solch unsinnige That wird wohl Niemand dem Fürsten Bismarck zumuthen wollen, da eine solche That einen Verrath Deutschlands involviren, oder von einer hochgradigen Geistesschwäche zeugen würde, von welcher bisher bei Bismarck nicht die geringste Spur wahrzunehmen war. — Ueberhaupt ist Fürst Bismarck nach seinen bisherigen Thaten und Verfahren zu schließen, nicht der Mann, der die Vortheile, welche durch die Vernichtung der Türkei für Rußland erwachsen müssen, nicht zu beurtheilen, nicht zu würdigen; der ferner bei einem solchem Geschäfte Rußland den Löwenantheil zukommen zu lassen, Deutschland aber mit einem von Rußland hingewor-

jenen Brocken abfertigen zu lassen bereit wäre; so daß man
mit Recht auf den Bestand geheimer Abmachungen folgern
könne, in welchen nicht blos von den Vortheilen Rußlands,
sondern auch von jenen Deutschlands die Rede ist.
Sobald es Rußland im Vereine mit Deutschland und
dem — wie ich nicht zweifle — in denselben Fahrwasser sich
bewegenden Italien gelingen würde, den osmanischen Staat
zu zertrümmern, und auf dessen Trümmern die oberwähnten
christlichen Staaten zu errichten; würden diese drei Bundes=
genossen nur so viel Zeit verfließen lassen, als eben zur mi=
litärischen Dressur der in diesen Einzelstaaten wohnhaften
christlichen männlichen Bevölkerung vom 20=ten bis 50=ten
Jahre nothwendig und zur Erholung und Vorbereitung Russ=
lands erforderlich sein würde, und die Hetze gegen Frankreich
würde beginnen; — Fürst Bismarck oder dessen Nachfolger
würde bald einen Vorwand zum Kriege ausfindig machen,
und Deutschland würde im Vereine mit Italien und einem
Theile der russischen Armee über Frankreich herfallen, um es
niederzuwerfen und gelänge dieses, so würde man dasselbe
derart militärisch, teritoriell und finanziell zu schwächen trach=
ten; daß es nie mehr einen nahmhaften Widerstand zu leisten
und sich gegen das zukünftige Großdeutschland oder — wenn
man es so nennen will — gegen das zukünftige occidentali=
sche Kaiserthum aufzulehnen, vielweniger auf die Geschicke
Europas irgend welch erheblichen Einfluß auszuüben im
Stande wäre. — Fürst Bismarck oder dessen Amtsnachfol=
ger würde sich das von Napoleon den I. gegenüber Preußen
im Jahre 1807 beobachtete Verfahren, es würde sich den Til=
siter Frieden zur Richtschnur nehmen, würde also wahr=
scheinlich noch einen Flanken aus Frankreichs Körper schnei=
den und als neues Reichsland Deutschland annektiren, die
Kriegsflotte Frankreichs okkupiren, Frankreichs Festungen mit
deutschen Besatzungen, sowie auch einen Theil des Landes bis
zur Abzahlung der obendrein auf Frankreich neuerdings aus=
zuwerfenden Brandschatzung belegen; endlich dessen Kriegs=

macht auf ein minimum reduziren. — Italien würde Nizza und Savoyen und wahrscheinlich auch noch einen Theil Südfrankreichs mit der Meeresküste; Deutschland überdies Algier und die übrigen überseeischen Besitzungen Frankreichs erhalten. — Sollte es während eines solchen Krieges die österreichisch-ungarische Monarchie in ihrem Interesse für nothwendig erachten Frankreich beizustehen um die nicht blos diesem sondern ihr selbst drohenden Gefahr mit vereinten Kräften abzuwehren; so würden auf Commando Rußlands die Heere und Milizen der neuerrichteten südslavischen Staaten, sowie jene Rumäniens von Süden und Osten; die Heere Rußlands aber von Norden über unsere Monarchie herfallen und Oesterreich-Ungarn solange von der Theilnahme an dem Kriege Frankreichs abzuhalten trachten, bis dieses von den Heeren Deutschlands und Italiens und einem Theile des russischen Heeres besiegt und ein nahmhafter Theil des deutschen, italienischen Heeres nicht disponibel sein würde, um die österreichisch-ungarische Monarchie dann auch von Westen anzufallen und die von langer Hand geplante Zertrümmerung und Theilung derselben durchzuführen, um auf solche Weise auch Deutschland zu entlohnen und die demjenigen von Rußland garantirten Ländereompensationen zukommen lassen zu können. — Sobald diese Theilung in der schon oben angedeuteten Weise bewerkstelliget und Deutschland die früher zu dem deutschen Bunde gehörig gewesenen Provinzen der österreichisch-ungarischen Monarchie annektirt, sowie Holland und Belgien und wahrscheinlich auch die Schweiz einverleibt haben würde; würde sich auch Rußland anschicken, die bis dahin geduldete, wenn auch nur scheinbare Autonomie der ofterwähnten südslavischen, griechischen und rumänischen Staaten zu vernichten und dieselben langsam dem russischen oder orientalischen Kaiserreiche einzuverleiben. — Diesem Schicksale würde weder Griechenland noch Rumänien entgehen, da ja Rußland, einen zwischen Rußland und der Balkanhalbinsel eingetriebenen, die Communication hindernden Länderteil — ein freies, vielweniger ein durch Siebenbürgen vergrößertes Rumänien, schon aus dem obenerwähnten Grunde, weil es nämlich seine Flanke nicht in fremden Händen und ungedeckt lassen wollte; nicht dulden könnte. — Den rumänischen Bojaren, welche von einem Daco-Rumänien träumen, würde freilich eine derartige Entwickelung der Dinge nicht munden, aber sie müßten sich und würden sich — wenn auch unwillig — in ihre zum Theile durch eigenes Verschulden geschaffene neue, wenn auch traurige Lage vorzüglich in Erwägung des Umstandeß fügen, daß Sibirien ein sehr großes und dabei wenig bevölkertes Land sei, welches die etwa widerspänstigen Bojaren sammt und sonders, also auch sammt ihren Familien aufzunehmen und zu beherbergen im Stande sei.

Wenn die russisch-deutschen Eroberungspläne in Erfüllung gehen und die Weltherrschaftsprätendenten in Berlin und Petersburg ihre angestrebten und von mir angedeuteten Ziele erreichen würden, würde der russische Czar seine Residenz als Kaiser des Orients in Konstantinopel aufschlagen und Petersburg würde langsam veröden und von dem größten Theil seiner Bewohner verlassen werden. — Da aber der Mensch denkt und Gott lenkt, so wollen wir hoffen, daß auch die oberwähnten, für die Türkei, für unsere Monarchie, überhaupt für alle freien Völker Europas so verhängnißvollen Pläne des offiziellen Deutschlands und Rußlands durch die Kraft unserer Monarchie, Englands und Frankreichs und überhaupt allen übrigen noch freien kleineren Staaten Europas, durch die „Fügung Gottes" zu Wasser werden; und daß die Urheber der orientalischen Wirren und der mit diesen in Verbindung stehenden verhängnißvollen Pläne nichts als den Fluch der ins Mitleid gezogenen Völker ernten werden; für all den Verlust an Gut und Blut, welche ihren Ehrgeiz, ihre Herrschsucht und Ländergier bereiteten.

Wer meine obigen Auseinandersetzungen auch noch trotz der obberührten Gründe für unwahrscheinlich, meine Vermuthungen und Voraussetzungen, meine Befürchtungen für Gebilde der Phantasie, für übertrieben zu bezeichnen geneigt sein sollte, den mache ich auch noch auf die Geschichte Preußens und Rußlands aufmerksam. — Aus der Geschichte Preußens kann Jedermann die Ueberzeugung erlangen, daß dasselbe seit 1640. eine respektable Anzahl schwedischer, polnischer, deutscher Länder und Ländchen verschlungen; daß Preußen, welches im Jahre 1740 nur einen Flächenraum von 2250 ☐ Meilen hatte und 2,500.000 Einwohnern zählte; gegenwärtig schon einen Flächeninhalt von 6400 ☐ Meilen und 24,000.000 Seelen hat; ferner daß es Preußen, welches in letzterer Zeit vom Glücke und der Kurzsichtigkeit seiner Gegner enorm begünstigt worden, gelungen sei, ein einiges Deutschland zu Stande zu bringen, und für sich die ausschließliche Führung des gewaltigen deutschen Heeres zu verschaffen; wer es ferner in Betracht zieht, daß es dem preußischem Königshause gelungen sei, die sämmtlichen deutschen Königs- und Fürstenhäuser in ein derartiges Abhängigkeitsverhältniß zu bringen, daß man in dem europäischen Völkerrechte vergebens um eine, für ein derartiges Verhältniß passende Bezeichnung suchen würde; — wer endlich die ausgedehnten Ländereroberungen Rußlands im Laufe dieses und des 18. Jahrhunderts in Erwägung zieht, der wird wohl nichts Uebertriebenes oder Lächerliches darin finden, daß ich diesen beiden Großstaaten, Rußland nämlich und Preußen, — diesen beiden Haifischen Europas — die Lust und die Absicht auf neue Eroberungen, auf die Theilung der Herrschaft über den europäischen Continent und somit das Bestreben den osmanischen Staat, die österreich-ungarische Monarchie zu zertrümmern, zuzumuthen wage. — Bezüglich auf Rußland will ich nur noch die Bemerkung machen, daß dieses Reich seit mehr als hundert Jahren mit eiserner Konsequenz nach einem tiefdurchdachtem Plane die Herrschaft über den Orient anstrebt, und daß Rußland demnach nichts mehr am Herzen liegen könne, als die Vernichtung der Türkei, und um diese zu ermöglichen, auch auf die Zertrümmerung der österreichisch-ungarische Monarchie hinzuarbeiten, da dieselbe schon vermöge ihres Verhältnißes zu den slavischen Stämmen nothgedrungen unter allen Staaten Europas der gefährlichste Gegner Rußlands sein muß, oder wenigstens im wohlverstandenem eigenen Interesse sein sollte. — Da jedoch Rußlands Kräfte dazu nicht hinreichen, so sah sich Rußland um seiner würdige Bundesgenossen um, und war so glücklich solche in dem an der Spitze Deutschlands stehenden preußischen Kabinete und in Italien zu finden. — Wahrscheinlich ist es übrigens, daß der deutsche Reichskanzler selbst es war, der den Anlaß hierzu gegeben und den so verhängnißvollen, auf die Knechtung der sämmtlichen übrigen freien Staaten Europas abzielenden Bund zu Stande gebracht und Rußland zu dem Kriege gegen die hohe Pforte angeeifert hat; denn der Ehrgeiz des deutschen Reichskanzlers scheint durch die bisherigen Erfolge noch keineswegs befriedigt und damit noch nicht zufrieden gestellt zu sein, daß Deutschland schon jetzt die erste Militärmacht Europas ist; er steuert auf die Gründung eines deutschen Weltreiches los; er will dem preußischen Königshause die Herrschaft über ein Weltreich verschaffen, und um die Erreichung dieses Zieles zu ermöglichen, muß vor Allen der türkische Staat zertrümmert werden, damit dann mit Hilfe der auf dessen Trümmern zu errichtenden christlichen Staatsbildungen Rußlands Macht und Einfluß wachse und dann mit Hilfe desselben und Italiens die österreichisch-ungarische Monarchie getheilt; damit insbesondere Ungarn, das nächst England älteste konstitutionelle Land Europas vernichtet, und unser erlauchtes Kaiser- und Königshaus, — die Enkeln Árpáds und Rudolph Habsburgs ihres Thrones verlustig gemacht werden können; um auf diese Weise den Enkeln der Erzkämmerer des heiligen römischen Reichs die Alleinherrschaft über Mittel- und Westeuropa zu verschaffen. Hat es doch das offizielle Deutschland im Bunde mit dem perfiden Rußland durch seine Handlungsweise bereits dahin gebracht; daß sich in Europa kein anderer — gleichviel ob größerer oder kleinerer Staat — selbst England nicht — sicher und beruhigt fühlt, weil die Ueberzeugung überall Platz gegriffen hat, daß weder internationale Verträge noch die von Europa garantirte Neutralität irgend eines Staates gegen das agressive, recht- und gewissenlose Benehmen dieser jetzt erwähnten zwei Großmächte gewahrt seien. — Selbst der König der Belgier hat in seiner im vorigen Jahre an die Lütticher gerichteten Ansprache diesem europäischen Unsicherheitsgefühle beredte Worte geliehen. Seit Fürst Bismarck das Ruder auf dem europäischen Continente führt, droht überhaupt nicht nur der Freiheit der Völker eine nie dagewesene Gefahr, sondern selbst das Privatvermögen der regierenden Fürsten ist nicht mehr sicher; im Falle einer oder der andere Derselben das Unglück hätte, seines Thrones entsetzt zu werden. Ein Vorwand dazu ist bald gefunden, wie dieses die Sequestration eigentlich Confiscation des Welfenschatzes nur zu deutlich beweiset, welche Fürst Bismarck darum nicht aufheben zu können erklärte, weil Seine Majestät der König von Hanover angeblich zum Kriege hetze (wen nnd gegen wem sagt uns dieser Culturkampfheld freilich nicht) und gewisse, dem Könige gestellte — wahrscheinlich auch eine Verzichtleistung auf den hanoverischen Thron enthaltende — Bedingungen nicht erfülle.

Fürst Bismarck ist überhaupt — um zu seinem Ziele zu gelangen, in den Mitteln nicht wählerisch, denn seit dem Beginne der orinentalischen Wirren spielt er den Religionsschwärmer. Er ist ein zweiter Peter von Amiens geworden. Er predigt in seinen diplomatischen Noten nicht nur selbst den Kreuzzug gegen die Ungläubigen auf der Balkanhalbinsel, sondern läßt diesen von ihm in Scene gesetzten Kreuzzug gegen die Mohamedaner auch durch sein deutsches literarisches Söldnerheer mit der Feder, und durch den gottesfürchtigen Czar und seine wilden Kriegerschaaren mit dem Schwerte in der Hand führen; er veranlaßte es, daß im türkischem Reiche tausende unschuldiger Menschen geschlachtet, ihrer mühsam erworbenen Habe beraubt, durch Hunger und Frost elendig zu Grunde gehen, und dies alles soll wahrscheinlich den blutigen Kitt bilden, mit welchem man die zu Großdeutschland noch abgängigen Provinzen Cisleithaniens an das durch „Gottes Fügung" bereits zu Stande gebrachte Kleindeutschland anzukitten gedenkt. — Fürst Bismarck ist übrigens ein Religionsschwärmer sonderbarer Art; er schwärmt z. B. nicht für seinen eigenen Glauben, für den Protestantismus, sonst würde er sich durch den russischen Staatskanzler jener 150,000 liv-, und esthländischer protestantischer Bauern angenommen und bei dem weißen Czaren erwirkt haben; daß dieselben ihre Seelenruhe rückerlangen und in den Schoos der protestantischen Kirche, wohin sie sich zurücksehnen, rückkehren dürfen. Sind ja doch diese armen Teufeln nur durch Betrug, durch einen gewissen Michajlow, einem zum russischen Popen beförderten und zur Bekehrung der protestantischen Bauern Liv-, und Esthlands beorderten und nur unter der Bedingniß über Verwendung des Procurators der h. russischen Synode Protaßow begnadigten sibirischen Sträfling dahin gebracht worden, daß sich dieselben als zur russisch-orthodoxen Kirche gehörig einschreiben ließen, wofür sie als Belohnung die vom Czaren bereits nach Behauptung des Michajlow bestimmten Ländereien zugetheilt erhalten hätten sollen. — Die Ländereien blieben aus, aber sie können von der russisch orthodoxen Confession — nach russischen Gesetzen — zum Protestantismus nicht wieder übertreten, obschon dieselben zur griechisch-orientalischen Religion nicht die mindeste Neigung haben. — Fürst Bismarck schwärmt aber auch für den römischen Catholicismus nicht, denn die Priester dieses Glaubens verursachten ihm schon viele schlaflosen Nächte, weil sie sich trotz Kerker und Geldstrafen seiner Willkühr nicht beugen wollen, und weil ein großer Theil des deutschen Volkes diesem sogenannten, leichtsinnigerweise hervorgerufenen Kulturkampfe mit großem Widerwillen und mit nicht geringer Erbitterung zusieht und davon durchaus nicht erbaut ist. — Fürst Bismarck schwärmt aber auch für die Lehre Moses's nicht, ja wie ich höre soll derselbe das Judenthum nicht wenig hassen, da jüdische Bankiers, und unter diesen vorzüglich das in einem seiner zu Frankfurt am Main ansässig gewesenen Glieder im Jahre 1866 von Preußen tiefgekränkte Haus Rothschild wesentlich dazu beigetragen hat, daß die zum Zwecke der Abzahlung der von Deutschland über Frankreich verhängten Kriegscontribution ausgeschriebene französische Anleihe durch massenhafte Subscription in überraschend kurzer Zeit reichlich gedeckt war; zur nicht geringen Verwunderung des Fürsten Bismarck, der Frankreich auch finanziell zugrunde gerichtet zu haben glaubte und sich so arg in seiner Berechnung getäuscht sah. Darum nimmt sich derselbe der Juden aber auch nicht an wenn Judenhetzen in Rußland, gleich jener von Kiew; oder in Rumänien zeitweise in Scenen gesetzt, und Duzenden jüdischer Familien gemordet und geplündert werden. — Fürst Bismarck schwärmt lediglich für das griechisch-orientalische Christenthum, also für die bigotteste, für die intoleranteste christlich-religiöse Sekte Europas. Dieser will er die Herrschaft über den ganzen Orient verschaffen, damit dort überall die Freiheit des Geistes unterdrückt und der Despotismus im Osten durch Rußland; und der Absolutismus in West- und in Mitteleuropa durch Preußen zur Blüthe gebracht werden. — Und wer sollte es glauben, daß diese vom Fürsten Bismarck nur als Mittel zum Zwecke benützte, also seinerseits nur affektirte religiöse Schwärmerei in Europa im 19. Jahrhunderte kontagiös werden konnte; und dennoch ist es so, denn selbst in England sind die Whigs von dieser religiösen Schwärmerei ergriffen worden, denn deren Führer Gladstone und dessen Apostel predigten in den Volksversammlungen den Kreuzzug gegen die Türken, und verschmähten kein Mittel, welches ihnen zur Haranguirung des Volkes geeignet schien. Sie mußten selbst die Frauen Großbrittaniens gegen die ohnehin von aller Welt verlassenen Türken dadurch in Harnisch zu bringen; daß sie darauf hinwiesen, wienach bei den Mohamedanern — horrendum dictu — die Polygamie gesetzlich gestattet sei. — Diese Beschuldigung war in den Augen der schönen Frauen

Albions genügend um bei ihnen das ganze Türkenthum in argen Mißkredit zu bringen; wobei es mir nur aufgefallen ist, daß sich unter den politischen Gegnern der Whigs, unter den Torys nicht Männer fanden, welche auf den für die überwiegende Mehrzahl der türkischen Männer sprechenden Milderungsgrund, daß nämlich von dieser Erlaubniß des Korans nur reiche Mohamedaner Gebrauch machen, und daß sich die Männer der Mittel-, sowie der unteren Volksklasse fast ausnahmslos mit einer Frau zu begnügen und treue Ehemänner, sowie zärtliche und sorgsame Familienväter zu sein pflegen; und daß bei so bewandten Umständen in dieser Beziehung ein Vergleich zwischen den Männern des Islams und jenen des Christenthums — bei einer unpartheiischen Untersuchung — höchstwahrscheinlich zum Nachtheile der letzteren ausfallen würde; — da — wie man wispert — auch bei den Männern der christlichen Religion, und zwar nicht nur bei den reicheren, sondern oft auch bei weniger bemittelten; und zwar nicht blos auf dem europäischen Kontinente, sondern — wie behauptet wird — auch bei den so religiösen Männern Britaniens, also wahrscheinlich auch unter den für das orientalische Christenthum, für den Frieden so schwärmenden, also jedenfalls sehr frommen Männern der Whigparthei manche, wenn auch nur sporadische Spuren einer, wenn auch nicht gesetzlich gestattetten, so doch vorhandenen Vielweiberei zu entdecken wären.

Nach diesen Prämissen will ich noch einige Bemerkungen über die seit dem Beginne der orientalischen Wirren von so mancher Seite als besonderes Verdienst hervorgehobene Localisirung des russisch-türkischen Krieges; — ferner über die mehrmals aufgetauchte Frage der Annexion Bosniens und der Herzegowina; — dann über die Debatten welche in Bezug auf die Orientfrage in dem ungarischen Reichstage und in den Ausschußsitzungen der ungarischen und österreichischen Delegation vorkamen, machen; und zum Schluße die bisherige Orientpolitik des Grafen Andrássy, Leiters unseres Auswärtigen Amtes einer kurzen Kritik unterziehen und zugleich die Mittel und Wege bezeichnen, welche ich nach meiner Meinung für geeignet erachte; um die durch die stattgefundene Vernichtung des türkischen Staatswesens der österreichisch-ungarischen Monarchie drohende riesige Gefahr nach Möglichkeit abzuwenden und zu paralysiren.

In bezug auf die so oft betonte Lokalisirung des Krieges sehe ich mich genöthigt, ganz offen zu erklären, daß dieses Schlagwort nur dort einen Sinn hat, wo die Folgen des Krieges voraussichtlich lokalisirt bleiben und sich nur auf die an dem Kriege Betheiligten beschränkt; z. B. ein Krieg zwischen Dänemark und Portugal würde, welch immer Theil der Sieger oder Besiegte wäre; in seinen Konsequenzen auf Europa oder auf andere einzelne Staaten Europas fast von gar keinem oder nur sehr geringen Einflusse sein; aber ein ganz anderes Bewandniß hat eine Lokalisirung eines russisch-türkischen Krieges, da in dem — leider schon eingetroffenen — Falle des Unterliegens der Türkei, die Folgen nicht nur auf die Nachbarstaaten, sondern auf ganz Europa unermeßlich sind; so daß das Verdienst, den russisch-türkischen Krieg lokalisirt zu haben, nichts als eine leere Phrase ist, mit welcher man den schon im vorhinein zum Opfer ausersehenen Staaten und Völkern Europas Seitens Rußlands und des offiziellen Deutschlands Sand in die Augen zu streuen hoffte.

Was die von russischer Seite zum Verderben unserer Monarchie anempfohlene Annexion Bosniens und der Herzegowina anbelangt, so erlaube ich mir die Bemerkung; daß unsere Monarchie durch eine solche, und durch die damit verbundene Erwerbung zentrifugaler, zu Rußland gravitirender, oder sonst unversöhnlicher Volkselemente nicht nur keinen Machtzuwachs erhalten, sondern bedeutend geschwächt, und nur ein Brandgeschwür in unseren Staatskörper aufnehmen würde.

— Es ist wahr, daß der Flächenraum unseres Staates um 1268 □ Meilen vergrößert und die Bevölkerung um 1.900,000 Seelen vermehrt werden würde. — Was würde uns aber dies Alles nützen, da von dieser ganzen Bevölkerung nur höchstens die daselbst zerstreut wohnenden 20,000 Juden und vielleicht die beläufig 250,000 Seelen ausmachenden römisch-katholischen Bosniaken uns anhängen; die übrigen Einwohner Bosniens und der Herzegowina aber uns feindlich gegenüber stehen würden; — denn die 400,000 Bosniaken mohamedanischer Religion würden uns hassen; weil sie uns und zwar mit Fug und Recht die Mitschuld an der Vernichtung der Türkei und an der Vertreibung ihres Khalifen aus Europa zuschreiben würden; sie würden uns überdies auch noch darum hassen, weil wir die dortigen agrarischen Zustände durch neue Gesetze zu regeln bemüssiget wären, wofür uns die mohamedanischen Grundherrn — darunter auch noch zahlreiche Familien, welche noch in dem Besitze der ihnen von ungarischen Königen in der Vorzeit verliehenen Adelsbriefen und Schenkungsurkunden sind — wieder keinen Dank zollen würden; — die zahlreichen, beinahe 1.000,000 Seelen zählenden Bosniaken griechisch-orientalischer Religion aber würden uns noch mehr hassen als selbst die Muselmänner; und deren Popen und russische Agenten würden dafür zu sorgen wissen, daß dieser Haß sich nicht in Freundschaft verwandle. — Wer sich in dieser Hinsicht Illusionen hinzugeben geneigt wäre; den bin ich so frei auf die Petition der Bosnier an den russischen Czar aufmerksam zu machen. — In dieser Bittschrift ist unter Anderem auch folgender, auf die seitens der Bosnier vermuthete Annexionslust der österreichisch-ungarischen Monarchie zielender Passus : „Wir sind ein kleines unerfahrenes Volk und die uns umgebenden Feinde sind zahlreich, welche auf die Gelegenheit lauern, uns in ein neues, noch unerträglicheres Joch einzuzwängen, aus dem es keine Rettung für uns mehr geben würde. Der orthodoxe Glaube, die Volkssitte, die Sprache, alles dieses würde sehr bald vernichtet sein; der neue Feind würde nicht die brutale Gewalt anwenden, die wir bekämpfen können, (nämlich jene der Türkei) sondern würde der geistigen Ueberlegenheit und Intrigue sich bedienen, gegen welche wir machtlos sind." — Dieser Passus dürfte zur genüge beweissen, daß die Sehnsucht der Bosniaken nach uns keine große sei, sondern daß unsere Herrschaft bedeutend mehr gefürchtet werde, als die der Türkei; und daß meine obigen diesbezüglichen Behauptungen nicht aus der Luft gegriffen seien. — Ueberhaupt würde es der österreichisch-ungarischen Monarchie, wenn dieselbe diesen deutsch-russischen Köder anbeißen und das ihr von Rußland — wahrscheinlich auf Anrathen des an der Spitze Deutschlands stehenden preußischen Kabinets angebotene Kondominat auf der Balkanhalbinsel annehmen würde, so ergehen, wie es Oesterreich mit dem Kondominium in Schleßwig-Holstein ergangen ist, nur mit dem einzigem Unterschiede, daß der Krieg, welcher sich aus diesem Danaergeschenke entwickeln würde, mit der Vernichtung der staatlichen Existenz der österreichisch-ungarischen Monarchie endigen würde. — Als die Zerwürfniße bezüglich Schleßwig-Holstens zwieschen Dänemark und dem deutschem Bunde begonnen, und Preußen seine auf die Erwerbung dieser Provinzen gerichteten Pläne zu spinnen anfing, war dasselbe auch damals vor Allem bemüht, Oesterreich dahin zu bringen, daß es die Erklärung abgab: daß es sich nicht mehr an das Londoner Protokoll vom 8. Mai 1852 für gebunden halte; wodurch es sich die Westmächte, — England und Frankreich entfremdete; — als dem preußischen Cabinete dieser Streich gelang; da war sein ganzes Trachten wieder dahin gerichtet; daß sich Oesterreich — an welchem die deutschen Mittelstaaten eine Stütze gegen die Errichtung eines engeren Bundesstaates mit Preußen an der Spitze zu finden glaubten — auch diese entfremde, indem es sich in der schleßwig-holsteinischen Angelegenheit in Folge der Intriguen des damals nur erst Herrn Bismark von Schönhausen — an Preußen anschloß und den deutschen Bund bei Seite schob, und über Anstiften Preußens mit diesem gemeinschaftlich an die übrigen — besonders Mittelstaaten — des deutschen Bundes die Erklärung abgab; daß die beiden deutschen Großmächte die Schlichtung des schleßwig-holsteinischen Streites in ihre Hände genommen und diesen — gegenüber

Dänemark — selbst auszutragen beabsichtigen. — Als Preußen auch dieses gelang, trat es immer kühner mit seiner auf die Erwerbung Schleßwig-Holsteins gerichteten Plänen hervor, und da es voraussah, daß diese Geschichte endlich doch zum Kriege zwischen Oesterreich und Preußen führen müsse; so sah sich Preußen bei Zeiten um Bundesgenossen um, und Bismarck trat behufs Erreichung dieses Zweckes seine Pilgerreise nach Biaritz zu Napoleon den III. an, und brachte durch dessen Vermittelung das Bündniß zwischen Preußen und Italien zu Stande; dessen nächste Folge die Einigung Italiens und die Errichtung des deutschen Reiches unter preußischer Führung; die enorme Vergrößerung der hohenzollern'schen Hausmacht; — die entferntere Folge aber die Niederwerfung Frankreichs, der Sturz der Napoleon'schen Dynastie; die Annektirung zweier französischen Provinzen — Elsaß's nämlich und Lothringens — durch Deutschland war.

Napoleon der III. stellte sich freilich den Verlauf des italienisch-preußisch-österreichischen Krieges ganz anders vor; er war der Ansicht; daß Preußen und Oesterreich sich gegenseitig aufreiben werden und er dann den Schiedsrichter zwischen beiden werde spielen können; — er täuschte sich aber nur zu sehr, da derselbe nicht nur über die Wehrkraft Preußens und deren Werth, sondern — wie es scheint — auch über die Militärmacht Frankreichs schlecht informirt gewesen zu sein scheint; ferner hoffte er wahrscheinlich, als er den Hader mit Preußen anfing, daß dieses Süddeutschland für seine Pläne nicht zu gewinnen im Stande sein werde, sonst würde er schwerlich so thöricht gewesen sein, den Oesterreichern im Jahre 1866 auch noch Italien auf den Hals zu schicken und zu seinem eigenem Verderben, und zum nicht geringeren Nachtheile Frankreichs Preußen großzuziehen.

Preußen hat — wie es die geehrten Leser dieser Abhandlung aus dem vordem Dargelegten ersehen haben, in der schleßwig-holstein'schen Angelegenheit Oesterreich seinen Absichten dienstbar, und aus demselben einen Verbündeten —

wenn auch nur auf kurze Zeit gemacht; — in der orientalischen Frage spielt Preußen eine ähnliche Rolle; denn wie ich es schon vordem erwähnte, hat Fürst Bismarck das Dreikaiserbündniß zu Stande gebracht, um die österreichisch-ungarische Monarchie zu isoliren; um dieselbe den Westmächten, besonders England zu entfremden; — dann hat er unsere Monarchie von jeder Aktion zu Gunsten der Türkei ferne gehalten; hat überdieses schon früher hinter unserem Rücken die oben bezeichneten Bündnisse gegen dieselbe zu Stande gebracht. — Die nächste Folge dieser Politik des offiziellen Deutschlands, die Vernichtung der Türkei ist gegenwärtig schon schwer zu verhindern; die entferntere Folge würde die Zertrümmerung der österreichisch-ungarischen Monarchie sein, wenn wir nicht alles aufbieten, um die so verhängnißvollen Pläne Rußlands und des an der Spitze Deutschlands stehenden preußischen Kabinetes zu vereiteln.

Betreffend die Debatten in der Orientfrage will ich die darauf Bezug habenden, im ungarischen Reichstage, ferner in der Ausschußsitzung der ungarischen, sowie in der Ausschußsitzung der österreichischen Delegation im vorigem Jahre abgehaltenen, wahrhaft klassischen Reden der Grafen Albert Apponyi und Anton Széchen, sowie des Reichstags-Deputirten Max v. Uerményi; ferner die viel Treffliches enthaltenden Reden der Herren Barone Ludwig Simonyi und Jvor Kaas; dann der Herrn Reichstagsabgeordneten Ernst v. Simonyi, Gullner, Frányi und Helfy; endlich der vorzüglichen Reden der österreichischen Reichstagdabgeordneten Doctor Jván Ritter v. Grocholski und des Doctors und Ritters v. Demel hier entweder nur im Allgemeinen erwähnen, oder im Verlaufe dieser Abhandlung auch noch auf einige dieser Reden jedoch nur bei Beurtheilung der Orientpolitik unseres auswärtigen Amtes und der in der österrichischen und ungarischen Delegation vom Grafen Andrássy gehaltenen Reden — reflektiren, und mir nur über die Reden der Herren Reichstagsdeputirten Eduard v. Zsedényi und Benjamin v. Kállay; sowie über die Reden des Grafen Andrássy einige spezielle Bemerkungen erlauben und gleichzeitig mit diesen auch die Orientpolitik des letzteren einer kurzen Kritik unterziehen, um zum Schluße die Mittel und Wege zu bezeichnen, welche ich zur Abwehr der uns in Folge der russisch-türkischen Friedenspräliminarien drohenden riesigen Gefahr für nothwendig erachte.

Was nun die sonderbare, jedenfalls aber mit großer Mühe und viel Geschick ausgearbeitete Rede des Herrn Reichstagsdeputirten Benjamin v. Kállay anbelangt, so schien es mir als sollte dieselbe eine an das Land gerichtete Frage, ein vom Leiter unseres Auswärtigen Amtes ausgestrekter Fühler sein, auf welche Weise wohl das Volk Ungarns eine Annexion Bosniens und der Herzegowina aufnehmen würde? da, wie ich hier im Zempliner Comitate unweit von meinem Wohnorte Nagy-Mihály gehört habe, Graf Julius Andrássy einer Annexion Bosniens und der Herzegowina nicht abgeneigt sein soll, oder es wenigstens damals nicht gewesen, als die meisten Leute der Meinung waren, daß es der russischen Armee so mittelst eines Spazierrittes gelingen werde die Türkei niederzuwerfen und Konstantinopel zu erobern; — die in dieser Rede enthaltene Schilderung des trostlosen, der inneren Verwesung angeblich verfallenen Zustandes des osmanischen Staates scheint mir auch eine hierzu passende Motivirung zu sein, welche wohl geeignet ist, die Annexion Bosniens dem Lande mundgerecht zu machen. — Möglich ist übrigens das meine diesbezügliche Voraussetzung irrig ist.

Was Herr v. Kállay über die große innere Fäulniß der Türkei, über die dem Zusammensturze, angeblich nahe Morschheit des türkischen Staatsgebäudes sagt, und was er daraus folgert, nämlich, daß die Türkei nicht ein Nachbar sei, auf den man zählen, auf den man sich hätte stützen können, so glaube ich, daß seine diesfällige Ansicht doch auch nur auf einem Irrthum beruhe, und ebensowenig stichhältig sei, als seine anderweitige Behauptung, daß nämlich die Türkei auch ohne äußere Veranlassung darum ihrem Untergange entgegen gehe, und unreitbar sei, weil dieselbe noch heute, wie vor Jahrhunderten ein theokratischer Staat sei, in welchem nur die Anhänger der herrschenden Religion bürgerliche und politische Rechte besitzen, die Anhänger anderer Religionen aber rechtlos seien, — denn die Geschichte diese „magistra vitae" lehrt uns, daß nur jene Völker von dem inneren Verfalle bedroht sind, bei welchen eine große Sittenverderbniß eingerissen ist, und eine ebenso große Verweichlichung Platz gegriffen hat; — von der großen Masse des türkischen Volkes läßt sich aber weder das eine, noch das andere behaupten, denn bekanntermaßen sind die Türken ein sehr mäßiges, genügsames, und, wie ihre früheren Siege über das russische Heer beweisen, auch ein tapferes, also kein verweichlichtes Volk, und schon ihrer Redlichkeit wegen, den auf der Balkanhalbinsel lebenden Christen, mit unchristlichen Sitten und Gebräuchen vorzuziehen; — wobei ich nur noch die Bemerkung mache, das auf die Sitten, der auf der Balkanhalbinsel wohnenden Christen die Herrschaft des Byzantinischen Kaiserreiches — wo Alles — gleichwie jetzt in Rußland — Lug und Trug war, und wo eine grenzenlose Sittenverderbniß herrschte, von verderblicher Wirkung gewesen, welche noch immer nicht gänzlich aufgehört hat.

Wenn nun Herr v. Kállay des Weiteren ausführt: „daß es in der Türkei nicht verschiedene soziale Klassen mit verschiedenen Rechtskreisen, zwischen denen eine Verschmelzung möglich wäre, sondern vollen Rechtsgenuß und volle Rechtlosigkeit gebe, — wenn, wie derselbe ferner behauptet, von einer Annäherung keine Rede sein kann, weil der Rechtsgenuß der Ausfluß der herrschenden Religion ist, und wer demnach in den Genuß der Rechte treten will, zum Islam übertreten muß"; — so sehe ich mich genöthigt, dieser Behauptung gegenüber darauf hinzuweisen, daß ja jede Religion, und nicht allein die mohamedanische — mehr weniger dem Stabilitätsprinzipe huldige, daß dasselbe auch bei den christlichen Religionen der Fall sei, und doch hat sich in christlichen Ländern manche Institution eingebürgert in neuerer Zeit, welche, wie

z. B. die Civilehe — noch vor hundert Jahren Niemand zu befürworten gewagt haben würde, — und ist es wohl denkbar, daß sich lediglich die Türken gegen die Anforderungen der Civilisation, bei dem im Oriente von Tag zu Tag reger werdenden Contacte, mit verschiedenen Völkern zu verschließen im Stande wären?; — gegen einen Einfluß, dem in neuerer Zeit selbst Japaner und Chinesen weichen, und ihre sonst so verschlossenen Reiche demselben zu öffnen bemüssigt waren. — Ist ja die Empfänglichkeit für die Lehren des Christenthums im alten Rom nach dem Tode des Augustus, zum Theil auch durch die Legionen Roms und zwar dadurch gefördert worden, daß dieselben bei verschiedenen Völkern in von einander weit entfernten Gegenden dislozirt waren, und daß sie dort überall andere Götter und andere Religionen vorfanden, welche ihren alten Glauben erschütterten. — Sollte also der gegenwärtige, durch die Presse, den Telegraphen, die Eisenbahnen und die Dampfschifffahrt so vervielfältigte Verkehr der Völker auf die Türken von geringerer Wirkung, und auf deren Ansichten gar keinen Einfluß auszuüben im Stande sein? — daß übrigens meine diesbezüglichen Voraussetzungen nicht leere Hoffnungen seien; das beweiset der ebenfalls mohamedanische Staat Maskat in Arabien, wo in religiöser Beziehung gegen Andersgläubige die größte Duldsamkeit herrscht auch den Fremden gegenüber, weil der Sultan oder Imam von Maskat die Folgen religiöser Duldsamkeit sammt seinem Volke zu schätzen und zu würdigen gelernt und dieselben es eingesehen haben, daß der so blühende Handel und Wandel in dem Sultanate oder Imamate nur die Folge ihrer religiösen Duldsamkeit sei, und daß durch ein entgegengesetztes Verfahren der so blühende Handel wieder vernichtet werden würde.

Was endlich die Ansicht des Herrn von Kállay betrifft, laut welcher in der Politik der krasseste Egoismus als Richtschnur der Völker zu dienen habe, so glaube ich, daß wenn ein solcher Grundsatz bei den zivilisirten Völkern der Welt allgemeine Geltung finden würde, daß dann internationale Verträge weder einen Sinn, noch einen Zweck hätten; wenn Niemand auf deren Einhaltung rechnen könnte, — wenn die Interessen, oder der Egoismus des einen, oder des anderen der Paciszenten mit den Satzungen solcher Verträge in Kollision kämen und dieselben als nicht bindend in die Rumpelkammer geworfen werden könnten. — Herr v. Kállay reflektirte — als er diesen Satz aussprach — vielleicht nur auf die moderne Politik des offiziellen Deutschlands, Rußlands und Italiens, und er mag Recht haben, denn seit dem das Reich „durch Gottes Fügung" das Ruder in Europa führt, ist das Recht und die Sicherheit, mit welcher man sonst auf die Zuhaltung der Staatsverträge baute, aus dem internationalem Verkehre verschwunden; — die sonst so berühmte deutsche Treue und der deutsche Gerechtigkeitssinn sind zur Mythe geworden; — Fürst Bismark möge es jedoch bedenken, daß dasjenige, was durch „Gottes Fügung" zu Stande kam, durch Gottes Fügung auch wieder zerfallen und die schon in so vielen Punkten in Erfüllung gegangene, aus dem Jahre 1300 stammende, in lateinischer Sprache verfaßte Prophezeiung des alten Abtes von Lehnin (Cistercienserkloster gewesen, zwei Meilen von Potzdam) namentlich der 93. Vers derselben: „Tandem sceptra gerit, qui stemmatis ultimus erit." (Endlich wird der das Scepter führen, der seines Stammes der Letzte sein wird,) könnte eben auf Kaiser Wilhelm Bezug haben und möglicherweise durch Gottes Fügung auch in Erfüllung gehen.

Bezüglich auf die Rede des Herrn Reichstagsabgeordneten Eduard v. Zsedényi bemerke ich, daß ich seiner Ansicht in Betreff der Erhaltung der Integrität des türkischen Reiches, sowie in Bezug auf das was er über Rußland sagte, vollkommen beipflichte; — was jedoch seinen Rath anbelangt, daß Graf Andrássy die Interessen unserer Monarchie, — welche auch die Integrität des türkischen Reiches umfassen, mit mehr Erfolg zu fördern im Stande ist, wenn er im Einvernehmen mit dem Berliner Kabinet vorgeht, so bin ich nicht so glücklich die diesfällige Ansicht desselben theilen zu

können, da — wie ich es bereits oben bewiesen, eben die
deutsche Reichskanzlei durch ihre inspirirten Zeitungsorgane
auf die Errichtung unabhängiger slavischen Staaten auf der
Balkanhalbinsel hinarbeitet, und selbst der deutsche General=
konsul in Belgrad Graf Bray hat gelegenseitlich einer im
vorigen Jahre im Monate Juli nach Kragujevacz unternom-
menen politischen Rekognoszirungsreise im Verkehre mit den
leitenden serbischen Ministern die Ueberzeugung ausgesprochen,
daß die Wünsche des Czars bezüglich Bulgariens in Berlin
Anklang gefunden haben und daß die deutsche Regierung die
Bildung südslavischer Einzelstaaten nicht im Wiederspruche
mit dem europäischen Interesse findet. — Durch derartige
Intentionen des offiziellen Deutschlands kann aber weder die
Integrität des osmanischen Reiches, noch das Wohl der öster=
reichisch=ungarischen Monarchie gefördert werden; überhaupt
kann ich aus diesen und den bereits vordem erwähnten noch
wichtigeren Gründen Deutschland wenigstens das offizielle
Deutschland mit seinen für unsere Monarchie und Dynastie
so verhängnißvollen Tendenzen wohl nicht zu jenen Mächten
zählen, mit deren Einvernehmen die orientalische Frage ohne
nachtheilige Folgen für uns zu lösen wäre; und aus den
schon erwähnten Gründen — wäre es nach meiner, schon
ausführlich motivirten Ansicht besser gewesen, wenn der Lei=
ter unseres Auswärtigen Amtes sich mit dem Fürsten Bis=
marck über das in der orientalischen Frage im Interesse der
österreichischen Monarchie zu beobachtende Verfahren weder
von Fall zu Fall noch sonst verständigt hätte, da der Rath
eines so heuchlerischen Freundes uns nur zu schaden geeignet
war, ebenso wie der des russischen Staatskanzlers Fürsten
Gortschakoff uns durchaus nicht nützen konnte. — Aus diesen
und den schon vordem aufgeführten Gründen kann ich auch dem
Tadel, welchen der sehr geehrte Abgeordnete gegen den Grafen Beust
— wegen dessen antipreußischer Politik — aussprach, durchaus
nicht beistimmen, da ein Staat, welcher auf die Vernichtung der
österreichisch=ungarischen Monarchie hinsteuert, welcher behufs

Erreichung dieses Zweckes mit Rußland und Italien einen
Bund geschlossen hat; es wohl nicht übelnehmen könne, wenn
er sich unsererseits keines besonderen Wohlwollens erfreut.
Das Verfahren des Grafen Beust spricht jedenfalls für ein
richtiges Verständniß der Verhältnisse, welche in Folge eines
Unterliegens Frankreichs in Europa platzgreifen mußten, und
welche auch schon bisher von den nachtheiligsten Folgen auf
das europäische Gleichgewicht waren. — Betreffend das von
dem gedachten Reichstagsdeputirten hervorgehobene Verdienst
des Grafen Andrássy, die freundschaftlichen Beziehungen mit
Deutschland und Rußland wieder hergestellt zu haben, will
ich dasselbe nicht schmälern wenigstens in so ferne nicht, als
das diesbezügliche Bemühen des Grafen Andrássy ein aufrich-
tiges, und seinerseits ein redlich gemeintes war; die Folgen
sind aber den gehegten Erwartungen durchaus nicht entspre-
chend: wovon sich Graf Andrássy — was Rußland anbelangt — schon gegenwärtig überzeugt hat; und wovon sich
derselbe auch in Bezug auf Deutschland in Bälde zu überzeugen Gelegenheit haben wird. — Eroberer — wie Preußen
und Rußland — sind durch nichts zu versöhnen und ihren
Plänen abwendig zu machen; — schöne Worte, ein freundli-
ches entgegenkommendes Benehmen nützen da gar nichts; die
offene Bezeichnung der Interessensphäre Oesterreich-Ungarns
erzeugt bei denselben höchstens ein Hohngelächter — mit
welchem man den Leiter des zum Opfer ausersehenen Staates regalirt; und ein zweiter Attila welcher sich vor einem
zweiten Leo zum Aufgeben seines Eroberungszuges bestimmen
lie , ist weder Kaiser Wilhelm noch Kaiser Alexander. —
Die Gefahr welche durch die beiden letzteren Frankreich, England, der Türkei und unserer Monarchie, überhaupt allen
noch freier Staaten Europas droht ist nur durch die Anwendung einer entsprechenden Gewalt a bzuwenden und auf diese
beiden Weltherrschaftsprätendenten besonders auf Rußland paßt
das genau, was Shakespeare in seinem „Julius Caesar" den
Cassius sagen läßt: „Warum denn wäre Cäsar ein Tyrann?"

Der arme Mann! Ich weiß, er wär' kein Wolf, wenn er nicht säh', die Römer sind nur Schafe; Er wär' kein Leu, wenn sie nicht Rehe wären."

Was nun die bisherige Orientpolitik des Grafen Andrássy anbelangt, so werde ich sowohl über dieselbe — in soweit sich solche aus den Thatsachen und aus seinen in der österreichischen und ungarischen Delegation gehaltenen Reden desselben beurtheilen läßt; als auch über den Inhalt seiner Reden einige Bemerkungen machen.

Vor allem erlaube ich mir die Bemerkung daß die Grundlagen, auf denen Graf Andrássy's Orientpolitik ruhte und welche demselben bei Behandlung der orientalischen Frage als Ausgangspunkte dienten — nicht nur keine Gewähr des Gelingens, sondern an und für sich eine große Gefahr in sich bargen, denn Graf Andrássy sagt in einer seiner Reden, daß Oesterreich-Ungarn für die Aufrechthaltung der Integrität der Türkei wohl nicht eingreifen konnte, weil diese wohl kein berechtigtes Ziel sei, man hätte — wie Graf Andrássy sich ferner äußerte, Hintergedanken gesucht, und Rußland wäre möglicherweise im Stande gewesen Verbündete zu erhalten, und der Krieg hätte nur durch den Krieg verhindert werden können. — Aus dem diesfälligem Ausspruche des Grafen Andrássy ersehe ich mit nicht geringer Verwunderung, daß derselbe über die Vortheile, welche die Integrität und der Bestand der Türkei unserer Monarchie gewährte, noch nicht einmal nachgedacht zu haben scheint, sonst würde er dem darüber etwa erstaunt gewesenen Europa die Frage, warum sich Oesterreich-Ungarn für den Bestand der Türkei engagire? sehr leicht und zwar gründlich beantwortet haben, er würde den einfältigen Fragestellern geantwortet haben, daß der Bestand der Türkei mit dem Bestande unserer Monarchie, und die Vernichtung der Türkei, mit der Zertrümmerung der österreichisch-ungarischen Monarchie unter den gegenwärtigen europäischen Verhältnissen innig verbunden sei, und daß somit der Kampf unserer Monarchie für einen wesentlichen Faktor seiner eigenen Existenz jedenfalls ein berechtigtes Ziel sei? für welches auch ein anderer Staat unter gleichen Verhältnißen die Waffen zu ergreifen bereit wäre, er würde Rußland mit Berufung auf die von mir oben aufgeführten Gründe und statistischen Daten geantwortet haben, daß solange dasselbe unser unmittelbarer Nachbar sei, mit Rücksicht auf seine unsauberen Tendenzeu, die Türkei ein nothwendiger Factor unserer Existenz sei, welchen wir aus Europa nicht verschwinden lassen dürfen, — er würde ferner Rußland geantwortet haben, daß das ostensible Ziel, die Besserung des Looses der unter der Herrschaft der Türkei lebenden Christen, welches Rußland erlangen zu wollen angab, nur ein Vorwand zur Bemäntelung des gegen die Türken geplanten Raubzuges sei, ja daß selbst diesem angeblichem Ziele jede Berechtigung abgeht, — denn wenn Rußland das Loos von Christen verbessern will, so könne es seinen Zweck auf eine unblutige Weise erreichen, ohne die Gränzen seines großen Reiches verlassen zu müssen, — denn — wie es auch der galizische Reichsrathsabgeordnete Ritter v. Grocholski — in der Sitzung der österreichischen Delegation erwähnte, wird nach Anhandgabe der im englischen Parlamente verlesenen offiziellen Documente, die römisch-katholische Bevölkerung in Congreß-Polen auf eine nur allein in Rußland mögliche und gangbare Weise verfolgt; in den polnischen Ländern Rußlands, sind nämlich mit wenigen Ausnamen nur russische Beamte und Richter angestellt, während Rußland in der Türkei die Bestellung nationaler Gouverneure und die Einführung autonomer Verwaltung verlangt; ferner darf in Rußland nicht einmal ein Gesuch in polnischer Sprache eingereicht werden, — in den westlichen Gouvernements ist sogar ein in polnischer Sprache verfaßtes Privatdokument ungültig, ja in diesen Provinzen darf bis jetzt, ohne besondere Erlaubniß des Czars ein Katholik keine Güter kaufen, und dennoch klagt die russische Regierung darüber, daß in der europäischen Türkei die Christen keine Grundbesitzer werden dürfen. — Zu diesen, vom Herrn Ritter v. Grocholski aufgezählten Daten, mache ich meinerseits nur noch den Zusatz, daß in Rußland unter den Augen der Regierung die römischen Katholiken und die mit diesen unirten griechisch=katholischen Bewohner auf eine eigenthümliche Weise zur griechisch= oder russisch=orientalischen Religion bekehrt zu werden pflegen. Die römisch=katholischen Nonnen von Minsk nahm nämlich der dortige russisch=orthodoxe Bischof Siemaßko wegen Ungläubigkeit im Jahre 1839 in die russisch=orthodoxe Christenlehre und hatte sämmtliche theils mittelst der Knute, theils mit Anwendung anderer Torturen, bis zum Jahre 1845, wenn auch nicht zur russisch=orthodoxon Religion belehrt, so doch ins ewige Leben befördert, da die armen sich lieber zu Tode prügeln und torturiren ließen, als daß sie zu der, ihnen verhaßten Religion übergetreten wären. — Was die Erhärtung der vom Ritter v. Grocholski aufgeführten Daten betrifft, die barbarische Behandlung der Polen in Rußland anbelangt, so hatte er es nicht einmal nöthig, sich auf die im englischen Parlamente verlesenen Daten zu berufen, denn es würde genügt haben, sich auf den kaiserlich russischen Ukas vom 22. Dezember 1865 zu berufen, laut welchem es, Personen polnischer Abkunft verboten ist, in den westlichen Gouvernements Güter zu erwerben; ja man zwang alle polnischen Adeligen römisch=katholischer Religion, ihre Güter binnen eines festgesetzten Termines, jedoch nicht an Polen und römische Katholiken zu verkaufen. Zugleich wurden viele Personen der niederen Stände katholischer Religion in rein russische Gouvernements auszuwandern gezwungen. Im Jahre 1839, als durch den schon erwähnten russischen Bischofs Siemaßko, die Minsker römisch=katholischen Nonnen, auf die berührte drastische Weise, zur russisch-orthodoxen Kirche bekehrt wurden, hat man auch trotz des Einspruches des Papstes 4 $^{1}/_{2}$ Millionen Einwohner von der griechisch=katholischen zur russisch=orthodoxen Religion zwangsweise bekehrt. Die Widerspänstigen wurden geknutet und nach Sibirien verwiesen.

Was nun die vom Grafen Andrássy an die Delegationen gestellte Frage anbelangt, welche Interessen des Staates vom Ministerium des Aeußern aufgegeben worden seien? So bin ich so frei nur auf die Ereignisse auf der Balkanhalbinsel hinzuweisen, welchen der Minister unserer auswärtigen Angelegenheiten mit so naiver Zuversicht entgegengesehen und welche sich als eine äußerst bedenkliche Folge seiner unbedingten Neutralität bereits faktisch entwickelt haben; — und Graf Andrássy wird auch noch mit Rücksicht auf die von mir geschilderten Folgen und Nachtheile, welche mit der Niederwerfung der Türkei Oesterreich-Ungarn treffen; — sich die von ihm gestellte Frage selbst zu beantworten im Stande sein; — ich erlaube mir nur in Bezug auf die von Oesterreich-Ungarn während des russisch-türkischen Krieges beobachtete Neutralität die Bemerkung, daß eine unbedingte Neutralität in diesem Kriege Seitens unserer Monarchie schon aus dem einfachen Grunde nicht am Platze war, weil die Folgen der Vernichtung des türkischen Staats- und Wirthschaftskörpers, wie ich es schon vordem erwiesen habe, unermeßlich sind, und die Möglichkeit des Unterliegens der hohen Pforte mit Rücksicht auf den Umstand, daß die Türkei ihr Militär nur aus den Reihen ihrer mahomedanischen Unterthanen zu ergänzen im Standeist, wahrscheinlich war. — In unserem Vaterlande dürfte es wohl keinen vernünftigen Menschen geben, der die österreichisch-ungarische Monarchie ohne Noth in einen Krieg treiben wollte; aber nicht jeder Friede ist einem Kriege vorzuziehen. — Cicero war gewiß nicht nur ein humaner, sondern auch ein sehr friedliebender Mann, und dennoch sagt er in seiner II. Philippika gegen Mark Anton: „Et nomen pacis dulce est, et ipsa res salutaris: sed inter pacem et servitutem plurimum interest; pax est tranquilla libertas: servitus malorum omnium postremum, non modo bello, sed morte etiam repellendum." — Bei den äußerst bedenklichen Ereignißen auf der Balkanhalbinsel werden es aber selbst enthusiastische Freunde des Grafen Andrássy zugestehen müssen, daß wir Ungarn dieser servitus sehr nahe gerückt sind. — Die Schuld, daß es so weit gekommen, trifft ihn allein, denn einen Frieden um jeden Preis, also auch gegen Aufopferung unserer vitalsten Interessen, hat hierlandes kein Patriot gewünscht.

Graf Andrássy sagte auch unter Anderen, daß er bei gebotener Gelegenheit fragen werde, was ist das was er gethan habe und nicht hätte thun sollen und was das sei, was er hätte thun sollen und nicht gethan habe? — Nun ich will der Beantwortung auch dieser Fragen nicht aus dem Wege gehen.

Graf Andrássy hätte sich vor Allem in das Dreikaiserbündniß nicht hineinziehen lassen, sondern eine Annäherung an England und Frankreich anstreben sollen; vorderhand aber als er die Ueberzeugung gewonnen wohin Deutschland steuere, und als er sah, daß er den von Rußland geplanten Krieg gegen die Türkei nur durch den Krieg mit Rußland und vielleicht auch mit Deutschland zu verhindern, oder eigentlich gar nicht zu verhindern im Stande sei; mit Rücksicht auf ein altes Sprichwort: „daß man nämlich mit den Wölfen nur so lange zu heulen habe, so lange man sich in ihrer Gewalt befindet"; und mit Rücksicht auf den Umstand, daß anfänglich als der russisch-türkische Krieg ausgebrochen, auch Frankreich noch mit Rußland zu coquettiren schien; — gegenüber Rußland die Erklärung abgeben sollen, daß die österreichisch-ungarische Monarchie den russisch-türkischen Krieg nicht hindern und neutral bleiben werde, sich aber vorbehalte seinerzeit den Frieden zwischen den streitenden Mächten zu vermitteln. — Nach den Plevnaer Schlachten — wo der Nimbus eigentlich der Großmachts-Nimbus Rußlands so einen argen Stoß erlitt, daß sich die Sympathien Frankreichs von Rußland abwendeten, und nur noch jene Deutschlands übrig blieben; hätte Oesterreich-Ungarn mit der Andrássy'schen Reformnote in der Hand mit 150.000 Mann und zwar mit der Erklärung in die Türkei einrücken sollen, daß es — um diesen blutigen Krieg je eher seinem Ende zuzuführen und gleichzeitig auch die Verbesserung des Looses der unter türkischem Scepter auf der Balkanhalbinsel wohnenden Christen im Vereine mit Rußland im Nothfalle auch mit Waffengewalt durchzuführen bereit sei, wenn die Türkei nicht auf Grundlage dieser auch von Seiten der übrigen Großmächte angenommenen Reformnote sogleich sogleich seine Geneigtheit zum Friedensschluße sowie zur Leistung der in Gemeinschaft mit Rußland zu vereinbarenden Garantien binnen einer gestellten kurzen Frist kundgeben und behufs Feststellung der Friedenspräliminarien seine Bevollmächtigten in das russische oder österreichisch-ungarische Lager entsenden würde. — Rußland würde zwar verblüfft gewesen sein über den demselben so unverhoffter Weise zu leisten beabsichtigten Freundschaftsdienst, hätte aber gegen unser Einschreiten nichts Stichhältiges einzuwenden vermocht, da wir ja seinen eigenen, wenn auch nur ostensiblen Zwecke zu fördern geneigt waren; und würde es sich dann herausgestellt haben, daß Rußland den Frieden auf der von uns gebotener Basis mit der Türkei gar nicht zu schließen gewillt sei, oder bei Verhandlung der Garantiefrage solche Schwierigkeiten mache, welche mit der Sicherheit unserer Monarchie unvereinbar wären, so würde Oesterreich-Ungarn Herr der Situation geblieben sein und hätte Rußland rundweg erklären können, daß es auch ohne Mitwirkung Rußlands diese Garantien mit der Türkei allein in einem den Signatarmächten zur Bestättigung zu unterbreitenden Traktate vereinbaren werde, um den an seinen Gränzen wüthendem Kriege je eher ein Ende zu machen. — Hätte nun bei so bewandten Umständen Rußland den Krieg gegen die Türkei dennoch fortsetzen wollen, so wäre das odium eines durch nichts zu rechtfertigenden Krieges allein auf Rußland zurückgefallen und unser Verfahren wenigstens in den Augen Englands und Frankreichs sowie in den Augen aller freien Völker Europas gerechtfertigt gewesen und unsere Forderung, welche wir dann an die Russen wegen Räumung Bulgariens zu stellen bemüßiget gewesen wären; wenn aus derselben Rußland seine Truppen nicht freiwillig hätte zurückziehen wollen; würde in den Augen der uns befreundeten Mächte wenigstens derjenigen Mächte, welche in dem Bestande des türkischen Reiches auch einen Factor des ohnehin so arg geschädigten europäischen Gleichgewichts erblicken, keinen Argwohn erregt haben; da es sich in einem solchem Falle herausgestellt haben würde, daß Rußland nicht blos wegen Verbesserung des Looses der unter der hohen Pforte lebenden Christen, sondern behufs Eroberung türkischer Gebietstheile und Machtvergrößerung die Türkei mit Krieg überzogen habe. — Wir würden in einem solchem Falle, wenn es Rußland auf einen Krieg hätte ankommen lassen, die russische Heeresmacht im Vereine mit der türkischen mit einem verhältnißmäßig sehr geringem Kraftaufwande besiegen ja vernichten haben können; so daß wir in der Lage gewesen wären, einem etwaigen Verbündeten Rußlands fast unsere ganze reguläre Militärkraft; sowie die Landwehr Cisleithaniens entgegenzustellen, indem gegen Rußland nebst den Türken, nur unsere, aus 220,000. Mann — unter diesen beiläufig 60.000. Reservisten also Veteranen der regulären Armee — stehende Honvédtruppe nothwendig gewesen wäre. — Dieser Kampf mit Rußland wird als unvermeidlich — ohnehin in kurzem ausgekämpft werden müssen, wenn auch die Herausbugsirung der russischen Armee aus Bulgarien schon gegenwärtig einen bedeutenden Militärkraftaufwand erfordern wird, — da, ich die Ansicht der Augsburger Allgemeinen Zeitung, daß hierzu selbst die vereinigte englisch-österreichisch-ungarische Wehrkraft im Hinblicke auf die befestigten Positionen, welcher sich Rußland bereits in Bulgarien bemächtigte, gegenwärtig nicht mehr hinreichen, durchaus nicht theile, da meiner Meinung nach mit Rücksicht auf die zum Nachtheile Rußlands dienende geographische Lage Bulgariens auch noch jetzt 300,000. Mann österreichisch ungarischen Militärs und 100,000. Mann Engländer genügen dürften, der russisch-serbischen Armee eine Niederlage zu bereiten, und begibt sich der türkische Sultan auf die Prinzeninseln unter den Schutz der englischen Flotte, so werden auch noch 100,000 Mann türkischer Truppen im Vereine mit uns und England für ihr eigenes Vaterland mitkämpfen. Bei dieser Gelegenheit kann ich nicht umhin, die Bemerkung zu machen, daß einige Organe der Wiener Presse, welche vordem stets auf energisches Vorgehen gegen Rußland drangen, jetzt wo die politische Lage eine kriegerische Action in Aussicht stellt, für den Frieden um jeden Preis eine Lanze brechen; wirklich ein merkwürdiger Meinungswechsel. — Die Neue freie Presse motivirt diesen sonderbaren Meinungsumschwung ihrerseits dadurch; daß die auswärtige Politik Oesterreich-Ungarns in ihrer Verblendung eine unabänderliche Lage herbeizuführen geholfen, welche abzuändern unsere Monarchie schon darum nicht im Stande wäre, weil an den Ernst Englands und an die Neutralität Deutschlands nicht zu glauben ist, und es somit ein Wahnsinn wäre von Oesterreich-Ungarn an etwas Anderes als eine diplomatische Aktion zu denken. — Diesen Grund, welchen jetzt die „Neue freie Presse" gegen eine kriegerische Aktion aufführt, die Unverläßlichkeit Deutschlands hat auch früher bestanden und dennoch war die „Neue freie Presse" entgegengesetzter Meinung. — Die Begründung des in den Ansichten der „Neuen freien Presse" stattgefundenen Umschwunges, hat nach meiner Meinung keine Ansprüche auf Logik, die fraglichen Ansichten beurkunden aber auch keinen besonderen Patriotismus, denn deshalb, weil der Leiter unseres Auswärtigen Amtes, Graf Andrássy gefehlt, und zum Theile vielleicht auch nur darum gefehlt, weil er den Versicherungen des russischen Czaren, des Fürsten Gortschakoff und des deutschen Staatskanzlers Fürsten Bismarck, zu viel Vertrauen geschenkt, dürfen wir das gefährdete Vaterland nicht opfern, dürfen wir auf dessen Vertheidigung nicht Verzicht leisten, blos darum, weil wir in Folge der auf der Balkanhalbinsel stattgefundenen Ereignisse jetzt mit größeren Schwierigkeiten werden kämpfen und einen bedeutend härteren Kampf mit Rußland bestehen müssen, da uns die russische Armee trotz der erwähnten Ereignisse, für sich allein noch immer nicht zu imponiren im Stande ist; haben doch die Folgen der Schlachten von Plevna und in dem Schipkapasse keineswegs dazu beigetragen, den Werth dieser Armee in unseren Augen zu erhöhen, da erfahrungsgemäß in solchen Schlachten stets die tapfersten Soldaten als Opfer ihrer Bravour zu fallen pflegen; überdies erwächst uns in dem kommenden Frühjahre und Sommer auch wieder ein Verbündeter, welcher unverwundbar ist, und — wie in den Jahren 1828 und 1829 auch ohne eine einzige Schlacht tausende von Russen in das ewige Leben fördern wird; dem österreichischen, besonders aber den ungarischen Soldaten wird das dem russischem Soldaten, schon seiner, mir aus eigener Erfahrung bekannten Lebensweise wegen so gefährliche Clima Bulgariens, der Dobrudscha wenig schaden; ebenso ist die geographische Lage Bulgariens nicht geeignet, die Macht Rußlands zu erhöhen, da die auf der Balkanhalbinsel befindliche russische Armee der Gefahr ausgesetzt ist, durch uns und Englands Flotte von Rußland abgeschnitten zu werden.

Was nun die Mitteln anbelangt, welche wir gegen Rußland zu ergreifen haben, so bin ich der Meinung, daß es für Oesterreich-Ungarn ein Glück wäre, wenn der vom Grafen Andrássy einberufene europäische Congreß gar nicht zu Stande käme, da Fürst Gortschakoff im Vereine mit dem Fürsten Bismarck ohnehin nur bemüht sein würden, die Verhandlungen in die Länge zu ziehen, damit Rußland seine Truppen in Rumänien und in Bulgarien durch frische Zuzüge aus dem innern Rußlands zu verstärken, seinen Truppen in Bulgarien eine Erholung zu verschaffen, die von der Türkei übernommenen Festungen auszubessern im Stande sei. — Kommt kein Congreß zu Stande, so wird Rußland in Folge eines österreichisch-ungarischen Ultimatums sich erklären müssen, und wir würden in der Lage sein, es sogleich angreifen zu können, bevor sich seine Truppen von den Kriegs-Strapazen zu erholen bevor es in Bulgarien eine Miliz zu organisiren im Stande sein würde. — Um das auf der Balkanhalbinsel befindliche — nach der Besetzung der von den Türken übernommenen bulgarischen Festungen Ruschtschuk, Silistria, Widdin, Belgradschik — als Feldarmee disponible russische Heer unschädlich zu machen, würden im Vereine mit 50.000 Engländern unsere 220.000 Honvéds genügen, 80.000 Mann müßten in Rumänien einrücken, denen sich die rumänische Armee, wenn man Rumänien die Unabhängigkeit garantiren würde, wahrscheinlich anschließen würde. 100.000 Mann wären wir genöthigt nach Galizien zu beordern, um uns gegen Einbrüche zu schützen; — so daß uns noch 500.000 reguläre Truppen und die ganze cisleithanische Landwehr zur Disposition gegen etwaige andere Feinde übrig blieben. — Italien würde es bei einer Cooperation unserer Armee mit der englischen, schwerlich wagen über uns herzufallen, da seine sehr ausgedehnte Küste überall den Angriffen der englischen und österreichischen Flotte ausgesetzt wäre. Würde Deutschland uns angreifen, so würden wir wohl einen Verbündeten in Frankreich finden, und dann würde es England im Vereine mit Frankreich und Oesterreich-Ungarn nicht soviel Mühe kosten, auch noch alle übrigen freien Völker — alle in ihrem Bestande so sehr gefährdeten Staaten II. und III. Ranges um sich zu schaaren. Der Kampf würde zwar fürchterlich aber von kurzer Dauer sein; — Congreßpolen mit den ehemals polnischen — gegenwärtig russischen Gebietstheilen sowie durch Polen vergrößert, würde wieder ein selbstständiger Staat werden; Schweden durch die Ostseeprovinzen vergrößert, Rußland aber zu einer rein asiatischen Macht und wo nur möglich auch noch vom Schwarzen und Asow'schen Meere entfernt werden; das europäische Gleichgewicht würde auf lange lange Zeit wieder hergestellt sein, und die Völker würden sich der schon seit mehreren Jahren entbehrten Ruhe und Sicherheit erfreuen können, welche seit 1870 von Deutschland confiszirt wurden. Der Handel würde wieder aufblühen, das

Militär könnte reduzirt und in Folge dessen auch die Steuern und Staatslasten vermindert werden. — Oesterreich-Ungarn also möge schnell einen seiner würdigen Entschluß fassen, sich der heuchlerischen Umarmung seiner bisherigen Freunde entwinden, damit nicht etwa deren gegen den Bestand unserer Monarchie, auf die Vernichtung Frankreichs und der Türkei gerichteten verhängnißvollen Pläne in Erfüllung gehen und wir Ungarn nicht der Gefahr ausgesetzt werden, den tausendjährigen Bestand des ungarischen Staates im Vereine mit den Gliedern unseres durchlauchtigsten Königshauses, den Enkeln Árpáds und Rudolf Habsburgs — im Jahre 1889 in Budapest nicht mehr feiern zu können.